CB130349

HUMANISMO:
OS BENS INVISÍVEIS

Conheça nosso site

@editoraquadrante
@editoraquadrante
@quadranteeditora
Quadrante

JUAN LUIS LORDA

HUMANISMO:
OS BENS INVISÍVEIS

Tradução
Ricardo Harada

QUADRANTE

QUADRANTE

Todos os direitos reservados a
QUADRANTE EDITORA
Rua Bernardo da Veiga, 47 | Tel.: 3873-2270
CEP 01252-020 | São Paulo - SP
atendimento@quadrante.com.br
www.quadrante.com.br

© Ediciones Rialp, S.A. Madrid, 2021

Reservados todos os direitos desta obra. Proibida toda e qualquer reprodução desta edição por qualquer meio ou forma, seja ela eletrônica ou mecânica, fotocópia, gravação ou qualquer outro meio de reprodução, sem permissão expressa do editor.

Título original:
Humanismo. Los bienes invisibles

Humanismo: os bens invisíveis
1ª edição — 2025

Juan Luis Lorda

Capa: Karine Santos

Dados Internacionais de Catalogação na Publicação (CIP)

Lorda, Juan Luis
Humanismo: os bens invisíveis / Juan Luis Lorda; tradução de Ricardo Harada – São Paulo, SP: Quadrante Editora, 2025.
Título original: *Humanismo. Los bienes invisibles*

ISBN: 978-85-7465-961-9

1. Humanismo 2. Cultura 3. Filosofia I. Título

CDD-144

Índices para catálogo sistemático:
1. Humanismo

Sumário

Apresentação

Ao apresentar um livro, é conveniente dizer algo sobre sua história. Trata-se de uma cortesia ao leitor, que pode então ter uma ideia do que segura nas mãos. Durante cinco anos, este foi um curso gratuito para estudantes universitários, em sua maioria alunos de arquitetura. Quis oferecer uma amostra dos interesses e aspirações da tradição humanista europeia adaptada à passagem do tempo.

O curso teve vários títulos. No início, chamava-se "Estilo humano", depois "Curso de humanismo". Enquanto o escrevia, chamei-o de "O bom da vida" e, mais tarde, "Cultura e humanismo". Quando estava quase terminando, pensei em "Os bens invisíveis", inspirado pelos sábios conselhos do Pequeno Príncipe. Finalmente decidi por "Humanismo", porque é disso que se trata: do cultivo do ser humano.

Escrevi-o com alegria, misturada — como é normal — com os ânimos e desânimos que a tarefa de escrever acarreta. Mas os assuntos são belos e, até certo ponto, novos. Não são encontrados com facilidade mesmo nas enciclopédias consideradas mais rigorosas. As enciclopédias estão interessadas em conhecimentos controláveis. Não é fácil falar de "amizade" depois de falar sobre "aminoácidos", ou de "elegância" antes dos "elementos da tabela periódica". Tampouco encontraremos uma indicação sobre o "bom gosto", a "arte de governar" ou a "arte de ser cidadão", ou sobre como são formados a inteligência e o caráter.

As enciclopédias não se arriscam a descrever essas questões que a nossa tradição humanística considera as mais importantes de todas. Talvez pensem que o conhecimento delas seja incerto ou inútil. Estão também fora dos currículos oficiais e das mentes de muitos educadores, que preferem se concentrar em dados muito mais seguros sobre questões muito mais irrelevantes.

É essa considerável negligência que abre espaço para este livro. É verdade que tudo nele está aberto a opiniões e que esses assuntos não podem ser abordados com a mesma contundência e solenidade com que se fala dos "aminoácidos" ou dos "elementos da tabela periódica". Mas pouco ou muito do que se pode dizer é sabedoria, essa riqueza invisível sem a qual não se pode viver no nível exigido pela dignidade invisível do homem.

Os bens invisíveis são luminosos, claros, imateriais e um tanto misteriosos, capazes de abrir horizontes e conferir beleza à existência. E são liberais, porque são um dom gratuito e, ao mesmo tempo, expandem, esclarecem e adornam a liberdade, elevando-a acima do comportamento instintivo ou gregário. Formam a verdadeira cultura humana, que nada tem a ver com os fogos de artifício do esnobismo.

Grande parte daqueles que se colocaram como pontífices da cultura e que deveriam estar ocupados em transmitir os bens invisíveis como se fossem um fogo sagrado simplesmente os ignoram. Mudaram-se para o setor do entretenimento, depois dc terem servido à propaganda política. E dedicam-se a *épater le bourgeoi* com histrionismoublicitário, mas sem nunca perder de vista o bem mais visível de todos, que é o dinheiro. Alguns podem ser desculpados, porque se sentem como "bufões culturais" — expressão pela qual um ganhador do Prêmio Nobel de Literatura menos conhecido gostava de se autodenominar.

Escrevi este livro da forma mais simples possível. Não apenas para facilitar a leitura, mas também porque o que cada um entende está sujeito ao próprio juízo. Isso comporta um risco e, ao mesmo tempo, uma garantia. Grandes abstrações são mais cômodas na hora de escrever e recobram uma aparência mais brilhante, mas encobrem a realidade com seu fulgor.

1

Cultura

1. Um mundo diferente

O interior de qualquer homem é um espaço de dimensões insuspeitadas. "Nem mesmo em todos os nossos dicionários haveria palavras suficientes para expressar o que se passa no espírito de um homem num só dia",[1] diz um grande escritor francês que dedicou a vida a pôr esse mundo interior por escrito. Mas não é possível abarcá-lo. Não só porque há muita coisa acontecendo, mas também porque, em sua maior parte, nosso interior é tão desconhecido para nós quanto uma selva inexplorada.

Em sua *História sem fim*, Michael Ende nos apresenta um reino fascinante em grave perigo de extinção: grandes regiões haviam desaparecido, e outras estavam prestes a sumir. Ao entrar na trama, o leitor percebe que esse reino é, na verdade, a fantasia de um menino. Esse mundo maravilhoso esvanecia à medida que o menino crescia e perdia o vigor da imaginação.

O mundo em que estamos prestes a entrar não é uma criação da fantasia, mas ambos têm algo em comum: sua

---

1 Julien Green, *Libertad querida*. Barcelona: Ed. Paradigma, 1990, p. 125.

existência depende da atividade da mente. Trata-se de um mundo que só surge quando cultivado. Quem não o faz não consegue imaginar em que consiste. Quem ama a música é capaz de desfrutar de experiências que não podem ser compreendidas por quem não aprendeu a desfrutá-la; quem não sabe contemplar o mundo e meditar sobre ele não pode imaginar o que é a filosofia; quem não chegou a ter um amigo não sabe o que é a amizade.

Se alguém nos pergunta o que é amar e nunca amou, o que podemos lhe dizer? Que tem algo a ver com o ritmo cardíaco? Se quiser saber o que sentimos quando contemplamos uma pintura, devemos responder que é o mesmo que sentimos depois de uma boa refeição? Quem não participa das realidades do espírito não está em condições de compreendê-las. É como contar a Quinta Sinfonia de Beethoven a um homem que nasceu surdo: "O terceiro movimento começa com vários golpes rítmicos, depois desce um pouco, depois sobe, mas não tanto, agora todos tocam ao mesmo tempo e soa como se fosse..." — como se fosse o quê?

O propósito deste livro é ajudar no cultivo do espírito. Infelizmente, há quem acredite — é uma crença — que o espírito não existe. Não podemos resolver de vez essa longa discussão, que vem se arrastando há dois séculos. Tampouco é do nosso interesse prolongá-la, pois argumentar sobre evidências é uma péssima estratégia. A força persuasiva do que é evidente está em que ele é assim desde o princípio. Quem passa muito tempo tentando provar que é sensato acabará convencendo os outros de que não é. Ou isso é evidente, ou todas as tentativas de prová-lo só aumentarão a dúvida.

Até o momento, e apesar de tantos avanços científicos valiosos, nenhum experimento sobre o assunto foi muito útil para entender e trabalhar com as realidades do espírito: nem com ideias, nem com instituições, nem com amores. O mundo do espírito tem tanto um vocabulário específico quanto suas próprias leis, que são diferentes do mundo da matéria. No dia em que não precisarmos mais desse vocabulário e dessas leis, poderemos presumir que o espírito não existe e que tudo é, de fato, matéria. Mas, por enquanto, as evidências são contrárias. Somos obrigados a trabalhar com essas experiências, que são comuns a toda a humanidade, com um vocabulário próprio e imaterial. Precisamos ser coerentes.

2. O cultivo da alma

A maturidade humana é fruto de um longo processo que afeta todas as camadas da personalidade. Começa com o desenvolvimento da base biológica. A pequena célula germinal, que contém o patrimônio genético que herdamos de nossos pais, desenvolve-se por conta própria. Basta alimentá-la bem. Transforma as substâncias que lhe são fornecidas e as incorpora em sua própria ordem. Trata-se de um organismo organizado e capaz de se organizar, numa espécie de explosão ordenada de vitalidade; sem pedir licença, atinge a sua perfeição fisiológica.

O crescimento de nossa vida espiritual é mais lento. Vivemos muito tempo antes de nos darmos conta do que significa viver. Quando a maturidade fisiológica chega na adolescência, o espírito está apenas estreando suas funções: acabou de aprender a pensar de modo abstrato. E, muitas vezes, a plenitude da vida intelectual é alcançada quando a vida biológica começa a declinar. Os sábios em todas as culturas tendem a ser pessoas idosas, embora nem todas as pessoas idosas sejam sábias. A vida intelectual parece crescer indefinidamente e só é suspensa quando seu instrumento, o suporte biológico da memória ou da linguagem, falha.

O espírito humano precisa ser despertado de sua letargia, como no conto da Bela Adormecida. Se a donzela encantada é despertada por um beijo, do mesmo modo o espírito humano é despertado pela comunicação humana. O grande psiquiatra Viktor Frankl diz:

> Quem já educou uma criança conhece aquele momento em que uma pessoa se anuncia pela primeira vez; quem já passou por isso conhece a maravilha desse primeiro momento, a maravilha do primeiro sorriso da criança, quando surge algo que parecia estar aguardando por ela.[2]

Quase não temos consciência desse prodígio extraordinário. Temos a capacidade de pensar, mas não podemos despertá-la por nós mesmos. Todo ser humano entra no mundo da inteligência por meio da comunicação com os outros, geralmente pelo toque da palavra.

2 Viktor Frankl, *El hombre doliente*. Barcelona: Herder, 1987, p. 144.

As crianças começam a usar palavras e falar (e pensar) quando ouvem seus pais falarem. Falar (e pensar) não é uma consequência necessária de seu crescimento; elas não começam a falar espontaneamente, como quando começam a ver. As crianças aprendem a linguagem que ouvem de seus pais; não a inventam. O uso da linguagem é o resultado da "educação". Falam porque falaram com elas.

Chamamos de educação essa curiosa combinação de uma habilidade natural inata e um estímulo cultural externo. A palavra "educação", etimologicamente, significa "conduzir para fora" e expressa bem o que acontece. Por um lado, todo homem tem uma predisposição em germe — por exemplo, para falar —, mas precisa de estímulos exteriores para despertar e dar forma a essa capacidade. Por isso se diz que o crescimento na vida do espírito é um "diálogo", e não um processo de absorção, como acontece com a alimentação do corpo. O corpo se apropria do que come; o espírito, por outro lado, toma forma de acordo com aquilo que o alimenta.

Quando se deseja uma abelha-rainha em uma colmeia, é necessário fornecer a ela um alimento especial chamado geleia real. Todo ser humano também precisa de uma alimentação muito cuidada para que seu espírito desperte e seja educado. Há, porém, uma diferença importante em relação às abelhas. O homem é um ser livre. Portanto, tudo depende não apenas do que lhe é dado, mas também de como ele o recebe e como o utiliza. Por essa razão, a educação não é uma técnica, mas uma arte.

A dieta do espírito é composta de muitos bens. Ao longo da história, os seres humanos acumularam a experiência que nos serve para viver humanamente. Esse depósito, fundamentalmente imaterial, é a cultura. "Cultura", que vem do latim, significa "cultivo". Cícero a utilizou nesse sentido, talvez pela primeira vez, quando declarou: *Cultura animi, philosophia est*,[3] ou seja, "a filosofia é o caminho para cultivar a alma". Ao falar de filosofia, Cícero estava se referindo à sabedoria da vida em geral, à experiência humana acumulada e meditada, que dá origem a um profundo conhecimento do que o homem é e do que deve fazer. Essa sabedoria tem um caráter humanizador: é "formativa" porque dá forma humana. Por isso é cultura e humanismo.

Quando falamos de "cultura" hoje em dia, não pensamos tanto no cultivo do homem, na dimensão pessoal, mas na herança cultural que possuímos em depósitos tangíveis: no aspecto objetivo. Por cultura, entendemos um considerável acúmulo de conhecimento científico; uma enorme variedade de técnicas e instrumentos que nos permitem dominar a natureza; um vasto depósito de pensamento vertido nas obras de tantos estudiosos; uma memória histórica, recolhida e estudada em muitos volumes; um conjunto variado de instituições (organização da sociedade, leis) especificadas em textos legais; um legado de costumes sociais (formas, jogos, festas etc.); e

---

3 Cícero, *Tuscolanas*, 2, 13; assim no verbete "cultura" do *Thesaurus linguae latinae*, IV, col. 1323, que também registra a expressão de Horácio (*Epist.* 1, 1, 40): *Nemo adeo ferus est, un non mitescere possit, si modo culturae patientem commodet aurem.*

um imenso patrimônio de obras artísticas e artesanais. Mas esse é apenas o sedimento exterior.

A proliferação de organismos culturais é um tanto confusa, pois, para justificar sua existência, dedicam-se com o mesmo entusiasmo (ou seja, sem qualquer critério) à conservação de catedrais e ao artesanato de queijo, à promoção do teatro experimental e à montagem de exposições sobre os grafites do Muro de Berlim. O universo multifacetado que vive feliz com os subsídios dessas organizações conseguiu desvalorizar a palavra "cultura", estirando seu significado. Hoje, o adjetivo "cultural" sugere uma qualidade vaga e misteriosa de coisas que lembram o ectoplasma dos espíritas e às quais um grande grupo de iniciados mais ou menos excêntricos se dedica profissionalmente.

É importante esclarecer o termo, porque, sem uma ideia bastante clara do que é a cultura — isto é, o cultivo do homem —, não há educação. Às vezes considera-se que a educação consiste simplesmente na transmissão do patrimônio objetivo da cultura. Naturalmente, isso é impossível, tanto pelo seu volume inabarcável quanto por sua crescente confusão. É lógico que, diante desta perplexidade, acabe por haver uma tendência à simplificação, e assim deseja-se educar transmitindo o que parece mais objetivo e menos discutível: de modo especial, os resultados das ciências positivas e do conhecimento instrumental (a matemática e as línguas vivas).

As tentações positivistas e os preconceitos ideológicos também influenciam isso. Assim, quase sem perceber, a educação, em vez de visar a "humanizar" e "formar" os homens, tende a se tornar "ensino" e dedica-se a transmitir conhecimentos. E, à medida que o conhecimento se torna mais complicado, ele se transforma em "informação": ou seja, transmite "dados" e, acima de tudo, dados objetivos, na esperança de que se produza uma síntese na cabeça das crianças.

O conhecimento mais ou menos objetivo vem se expandindo freneticamente há várias décadas. Como acontece em grandes setores da economia, sobrecarregados por sua própria atividade, estamos sofrendo de uma crise aguda de excedentes. Hoje, o problema das nações desenvolvidas não é a escassez, mas os excedentes. E os excedentes no espírito têm consequências mais graves do que na indústria, pois a inteligência entra em colapso quando não consegue "digerir" de forma ordenada a massa de conhecimento que a aturde.

Em todos os campos do conhecimento, temos hoje multidões de especialistas, institutos e universidades, bem como uma quantidade tão grande de pesquisas e uma pilha tão imensa de publicações que as disciplinas se fragmentam sem que haja mentes capazes de integrá-las. Todas as ervas daninhas se tornaram árvores, e a floresta está fora do alcance da vista. Exércitos inteiros de acadêmicos conseguiram se perder nos matagais que eles mesmos criaram (por exemplo, em alguns ramos da linguística, teoria literária ou sociologia) e se afastaram da pessoa comum, que não pode mais resgatá-los com o único recurso de seu bom senso.

Supõe-se que sabemos muito mais coisas, mas não sabemos "quem" as sabe. As bibliotecas armazenam uma avalanche de livros. A *internet* acolhe todos os documentos, qual um oceano para onde desembocam todas as águas. E os suplementos especializados da imprensa coletam os arbustos mais marcantes e pitorescos que se projetam das bordas da floresta para entreter seus leitores. Borges, que vivia em uma biblioteca quando escreveu "A biblioteca de Babel",[4] sabia do assunto. O poeta Pedro Salinas também advertiu, muitos anos atrás: "O homem de hoje está como que encurralado pelas hostes dos livros";[5] e: "Está perdido no centro da cultura. E é, como nunca antes, o monstro de seu labirinto (...). Talvez tomem por bárbaro qualquer um que ouse insinuar que a superabundância de livros, simplesmente, pode ser tão prejudicial para a cultura quanto sua escassez".[6]

A abundância imanejável faz com que as sínteses usadas no ensino sejam, por vezes, arbitrárias ou guiadas por preferências ideológicas. Mas isso levanta um problema já apontado por Petrarca: "De que adianta conhecer a natureza de animais ferozes, pássaros, peixes e cobras, se ignoro ou desprezo a natureza do homem, o propósito para o qual nascemos, de onde viemos e para onde vamos?"[7]

A parte mais humanizadora da cultura — a sabedoria, a virtude, as artes humanas — parece ter se perdido entre as árvores da selva. Como aponta E. F. Schumacher:

---

4 Conto incluído em *Narraciones*. Madri: Cátedra, 1988, pp. 101–109.

5 *El defensor*. Madri: Alianza, 1986, p. 123.

6 Ibidem, p. 122.

7 *De sui ipsius et multorum ignorantia*. Paris: ed. L. M. Capelli, 1906, p. 24.

"A negligência, e até mesmo a rejeição, da sabedoria chegou a tal ponto que a grande maioria de nossos intelectuais não tem sequer uma ideia remota do significado desta palavra".[8] Por isso é tão interessante manter vivo o sentido humanizador e pessoal da cultura. Isso é o humanismo.

3. As boas artes

O erudito romano Aulo Gélio diz:

> Aqueles que criaram a língua latina usaram corretamente a palavra "humanidade" (...) para significar o que os gregos chamam de *paideia* e o que nós chamamos de erudição e educação nas boas artes: aquelas coisas que são sinceramente desejadas e almejadas pelos que são mais humanos.[9]

É exatamente nisso que estamos interessados. A cultura, em sentido humanista, é composta de todo o conhecimento teórico e prático que permite ao homem humanizar-se e viver dignamente como ser humano. O grande humanista valenciano Juan Luis Vives diz por meio de um de seus personagens: "A pessoa deve se esforçar para cultivar e adornar o espírito com o conhecimento, a ciência e o exercício das virtudes; caso contrário o homem não é um homem, mas um animal".[10]

---

8 *Lo pequeño es hermoso*. Madri: Orbis, 1983, p. 38.

9 Aulo Gélio, *Noctes atticae*. Nova York; Oxford: Oxford University Press, vol. II, livro XIII, cap. 17, pp. 399–400.

10 Grinferantes diz isso a Budé nos *Diálogos*, XXV.

E de Confúcio sabemos que: "O Mestre ensinou quatro coisas: literatura, bom comportamento moral, sinceridade e lealdade".[11]

O humanismo necessita de uma imagem do homem. Não uma imagem científica, objetiva e completa, o que nos levaria mais uma vez a nos perdermos no vasto e brilhante universo da medicina, nas enigmáticas ravinas da psicologia ou nos imensos pântanos da linguística ou da sociologia — aliás, cheios de ilhotas de lucidez. Precisamos apenas de um quadro claro e elementar, próximo à experiência comum, do que é um homem, de qual é sua perfeição e de como se pode cultivá-lo.

Não há nenhuma razão convincente para mudar a imagem de nossa tradição que fala do homem como ser dotado de corpo e espírito. De acordo com essa imagem, o espírito do homem tem três grandes dimensões: inteligência, livre-arbítrio e afetividade. Além disso, devemos considerar as capacidades operacionais, em que convergem a inteligência e a vontade, que são moldáveis na mesma medida em que o corpo intervém nelas. Cada uma dessas áreas é chamada a ser educada.

Quando, na educação e no ensino, apenas o conhecimento, e sobretudo o conhecimento das ciências positivas, é levado em conta, imensas áreas acabam ocupadas pela selva. É verdade que precisamos de conhecimento: ele alimenta e dá peso à inteligência. Mas a inteligência também precisa de método e sabedoria. E a sabedoria é, segundo a tradição perene, composta de pelo menos

---

11 *Libro del Lun-Yu*, 7, p. 24.

três áreas. Em primeiro lugar, uma ideia geral do mundo que nos permita colocar e, se possível, resolver as quatro questões cardeais sobre o sentido da vida: de onde viemos (origem), para onde vamos (destino), onde está a felicidade e como enfrentar o sofrimento e a morte. Em segundo lugar, precisamos identificar critérios morais e éticos capazes de orientar a conduta que condiz a um ser humano. Por fim, devemos ter conhecimento suficiente das coisas humanas, das motivações, dos sentimentos e das reações do homem, a fim de acertar em nossas relações com os outros. Não é possível suprir nenhuma dessas três áreas com informações sobre avanços científicos.

A segunda grande área do cultivo humano é o livre-arbítrio ou, para não ficar preso a um vocabulário tão restrito, o cultivo do coração. Esse é um cultivo real, e não simplesmente uma teoria, uma vez que é necessário moldá-lo para que aprenda a amar bem e fortemente. Os clássicos chamavam isso de "virtude", palavra venerável e insultada. Também ela tem três campos de operação: em primeiro lugar, a disciplina pessoal — aprender a se controlar para comportar-se de forma livre, consciente e racional. Depois, a honestidade ou o senso de decoro, que é a inclinação impulsiva, mas cultivada, para a justiça e a honestidade, bem como a repulsa por aquilo que é indigno de um homem honrado. Em terceiro lugar, é necessário colocar no coração uma ordem de amores e afetos. Apaixonar-se por ideais e pessoas: esse será o motor ou a motivação da vida. Nenhum conhecimento pode substituir essas três facetas próprias de um coração cultivado.

A terceira área do cultivo humano diz respeito à capacidade de agir. Os animais têm comportamento instintivo, ou seja, padrões inatos de resposta a diferentes estímulos: um leão caça com estratégias mais ou menos determinadas. Mas o homem quase não tem padrões de comportamento instintivo, uma vez que é livre. Não nasce sabendo tocar piano, pintar uma aquarela, dirigir um carro, jogar futebol ou manusear uma chave de fenda. O homem pode fazer muito mais coisas do que um leão, mas precisa aprendê-las muito mais do que um leão. E aprende tentando e recebendo experiência de outras pessoas. Com a inteligência, ele descobre que as coisas podem ser feitas de muitas maneiras. Com a experiência, seleciona as mais eficazes. E, com engenhosidade, as embeleza e as aperfeiçoa.

Tudo isso se acumula para integrar a parte mais essencial da cultura, que é a inteligência aplicada, a experiência acumulada e a engenhosidade desenvolvida. A cultura transmite maneiras excelentes e eficazes de fazer as coisas. Nisso consistem as artes, os ofícios, as destrezas e as habilidades. Há vários tipos de artes: as que se referem diretamente à beleza (belas artes); as artes decorativas menores; as que se referem a espetáculos, jogos e esportes; e as que nos interessam aqui, que são as "boas artes", as mais desconhecidas de todas.

As "boas artes" são aquelas que levam a empregar com dignidade, eficácia e beleza os recursos mais elementares da vida humana. São as artes de utilizar a si mesmo. Não devemos esquecer que onde há liberdade pode haver arte: porque pode haver experiência acumulada e transmitida de beleza e eficiência no agir. Por isso existe arte em todos os aspectos do comportamento humano. "Eu abriria uma escola de vida interior", diz o poeta francês Max Jacob, "e escreveria na porta: 'Escola de Arte'".[12]

Há arte em tudo o que é verdadeiramente humano: "É próprio do homem leviano", escreve Cícero, "afirmar que para as grandes coisas não há arte, quando dela não carecem nem as mais pequenas".[13] Ser homem se aprende, não é fruto do acaso: o corpo cresce, mas o espírito se cultiva: "Não se nasce pronto", diz Gracián. "Vão-se aperfeiçoando a cada dia tanto a pessoa quanto o profissional".[14] Essas "artes humanas" são como a musculatura da alma. Nelas está em jogo a qualidade do ser humano, a sua relação com a verdade, a beleza, a bondade, a justiça e o amor.

4. A imensa minoria

A sabedoria, a virtude e as artes humanas só podem ser conservadas vivas se vivem em alguém. Não é suficiente mantê-las em mídias como livros e filmes ou na *internet*, esperando que a próxima "tempestade de partículas" ou o mais recente e engenhoso vírus virtual as altere. Assim como os vírus reais, as artes humanas precisam

---

12 Max Jacob, *Consejos a un joven poeta*. Madri: Rialp, 1976, p. 13; é o primeiro dos conselhos.

13 Cícero, *De officiis*, 1,2; a tradução é de Jaime Balmes, em *El criterio*, Nota ao § 6 do cap. I.

14 *Oráculo manual y arte de prudencia*, 6.

ser inoculadas em corpos vivos para que se tornem ativas e se reproduzam.

O cultivo das diferentes facetas do espírito é uma arte para poucos. São sempre poucos — uma minoria qualificada — que conseguem cultivá-las e mantê-las vivas. Juan Ramón Jiménez falou de uma "imensa minoria"[15] porque, embora sejam poucos, têm um efeito multiplicador e desempenham um papel de vital importância para a humanidade.

Gracián ressalta: "O gosto se adquire pelo convívio e se herda com a continuidade; grande sorte é comunicar-se com alguém de gosto plenamente desenvolvido".[16] O gosto é despertado pelo contato com aqueles que apreciam e possuem as diferentes artes da cultura humana: o domínio da inteligência e da fala, o gosto artístico, a sensibilidade e o estilo musical. Não se deve esquecer que a mola propulsora da educação nas artes humanas é o amor e a imitação do excelente.

O ideal humano nunca é dado em sua totalidade. Nós o sentimos na admiração de certos traços dos homens mais eminentes e nas "boas artes" de certos homens sábios. Também nos é transmitido através do cultivo das humanidades. *Studere humanitati* ["Empenha-te nas humanidades"], diziam os humanistas da Renascença. Eles entendiam por "humanidades", como já dissemos, aquele conhecimento que contribui mais diretamente para que o espírito adquira uma "forma humana".

15 Dedicatória de *Belleza*. Buenos Aires: Losada, 1945.

16 *Oráculo manual y arte de prudencia*, 65.

No início, o espírito se limita a receber. Depois, à medida que adquire experiência, sua capacidade criativa é despertada e pode contribuir para a preservação, e até mesmo para o crescimento, da cultura humana. Quem se habituou a considerar as grandes questões humanas, por exemplo, encontra em tudo motivos para refletir; tira proveito de tudo; e se beneficia tanto de um bom livro quanto de um livro ruim, tanto de uma conversa profunda quanto de uma trivial. O poeta — aquele que ama a beleza das palavras — atenta sem perceber a todas as palavras que são pronunciadas. Aquele que aprendeu a contemplar a arte sente-se surpreendido pela beleza de uma paisagem urbana, de uma planta bonita, ou das manchas iridescentes de um vidro engordurado.

O pagamento pelos bens do espírito são eles próprios. Não é provável que proporcionem poder, fama ou dinheiro. E, de qualquer forma, não devem ser buscados com um interesse tão mercenário. Tampouco devem ser cultivados em termos egoístas, pelo orgulho de se ver acima dos outros. Isso os envileceria. Devem ser buscados como um fim em si mesmos — porque são bons em si mesmos —, sem a expectativa de qualquer outra recompensa.

Cultivá-los também é um serviço. A cultura não é o palco do pedantismo, mas um serviço à humanidade. Trata-se de ter para dar os bens que nos tornam mais humanos, de mantê-los vivos, melhorá-los e transmiti-los às próximas gerações.

O humanismo não é um conjunto de receitas, mas um ideal de formação. O fato de não ser muito preciso ou de não cumprir bem as exigências do método científico não lhe diminui o valor. Uma gota de sabedoria vale mais que um oceano de estatísticas. Mas não há razão para competir com as ciências positivas ou menosprezar as estatísticas — elas também têm o seu lugar. A sabedoria está na ordem e no equilíbrio.

2

A vida do intelecto

1. As funções do intelecto

O intelecto é o alicerce de nossa personalidade, a luz da alma e a porta que nos abre para o mundo. É maravilhoso. A tradição grega clássica pensava, sem exagero, ser um lampejo de divindade. É o que há de mais elevado na natureza e o que há de mais típico e exclusivo do ser humano. É graças a ele que podemos entender e dominar nosso ambiente, nos relacionar com os outros e nos guiar. "A razão", diz Balmes, "é um dom precioso que nos foi concedido pelo Criador, é a luz que nos foi dada para nos guiar em nossas ações, e é claro que um dos primeiros cuidados de que o homem deve se ocupar é ter essa luz em boa ordem. Se faltar, ficaremos na escuridão, tateando, e por essa razão é necessário não a deixar se apagar... Quando pretendemos exercitá-la e vivificá-la, sua luz deve ser boa, para que não nos ofusque; bem direcionada, para que não nos desvie do caminho".[1]

---

1 J. Balmes, *El criterio*, I, V.

Não está em nosso poder ser mais ou menos inteligente, nem é fácil saber o que isso significa. No entanto, podemos, sim, educar nosso intelecto. Em todas as esferas da atividade humana em que a liberdade desempenha algum papel há espaço para a arte, uma vez que as coisas podem ser bem ou malfeitas. Também na vida do intelecto há aspectos — muitos — em que nossa liberdade está diretamente envolvida. Nessa medida, o intelecto pode ser instruído, sendo até mesmo possível falar numa "arte de pensar". Como salienta o Cardeal Newman:

> O intelecto também tem sua beleza. Abrir o entendimento, corrigi-lo, refiná-lo, colocá-lo em condições de conhecer, compreender, dominar suas próprias faculdades. A aplicação, a flexibilidade, o método, a precisão crítica, os recursos, a graça...[2]

O intelecto tem duas funções principais. Em primeiro lugar, a função intuitiva, pela qual apreendemos as formas da realidade, acessamos e compreendemos os conceitos, depreendemos esquemas e relações formais e os adaptamos a novos problemas. Essa é uma função extremamente misteriosa. Trata-se de uma atividade espontânea, que realizamos sem esforço, "intuitivamente", sem saber como. Parece que o tempo não tem qualquer influência, que não há etapas ou processos. É por isso que não conseguimos fazer com que um computador imite a inteligência. De repente, em um instante, entendemos o que não entendíamos antes. Faz-se luz na

2 J. H. Newman, *Naturaleza y fin de la educación universitaria*. Madri: Epesa, 1946, p. 189 (4ª conferência).

consciência, e os elementos que estavam flutuando sem conexão alguma são ordenados. Sem saber como, em um momento feliz, estabelecemos relações, resolvemos problemas, tiramos conclusões ou contemplamos panoramas. Pensadores e artistas sabem o que é ter dias brilhantes, nos quais as inspirações se acumulam, e dias sombrios, nos quais nada lhes ocorre. Essas são experiências de iluminação, e muitas vezes são retratadas exatamente assim. Esse é o aspecto mais profundo da inteligência. Os gênios ou são muito intuitivos e percebem coisas que os outros não veem, ou veem muito mais tarde e com muito mais dificuldade. Sobre esta espontaneidade não podemos influenciar diretamente, pois não está sob o domínio de nossa liberdade.

A segunda função do intelecto é a discursiva, à qual chamamos *razão*. Ao contrário do aspecto intuitivo, conhecemos as regras pelas quais raciocinamos: elas são estudadas pela lógica. Pelo menos em parte, podem ser representadas matematicamente, e podemos transferi-las para um computador. Nós as aplicamos de maneira espontânea, mas é possível intervir no processo, melhorá-lo e revisá-lo criticamente depois. Podemos expressá-lo e avaliar se os pontos de partida foram bem estabelecidos e a dedução, rigorosa. As ciências almejam a ser construções com pontos de partida, métodos de progresso e deduções rigorosamente estabelecidos de antemão.

À medida que nos tornamos mais exigentes e travamos relações com pessoas que pensam bem, a mente se acostuma a raciocinar e a expressar o que raciocina com muito mais perfeição. Isso faz parte da educação do intelecto, como veremos adiante.

A parte mais importante da educação da arte de pensar, entretanto, diz respeito ao que poderíamos chamar de "aspectos indiretos", que são muitos. Podemos controlar o que lhe damos por alimento: a riqueza, a variedade, a orientação do conhecimento... Também podemos controlar a dedicação: a motivação, o interesse e o tempo despendido. E podemos controlar a atenção: a serenidade e a concentração. Além disso, é possível aprender um método que permita o maior aproveitamento possível do esforço: ir às fontes, reunir os dados, colocá-los em ordem e organizá-los segundo um esquema. Isso não nos torna mais inteligentes, mas cultiva o intelecto e o torna mais proveitoso e capaz de trabalhar com eficácia: "Um intelecto cultivado, sendo um bem em si mesmo, confere um poder e uma graça especiais a qualquer trabalho ou ocupação que venhamos a empreender e nos coloca em posição de ser mais úteis e alcançar um círculo mais amplo de pessoas".[3]

Não devemos perder os objetivos de vista. Disse o Cardeal Newman: "A verdade, qualquer que seja ela, é o fim próprio do intelecto; seu cultivo, portanto, consiste em colocá-lo em condições de contemplar e compreender a verdade".[4] O intelecto deve ser preparado não para brilhar ou se colocar acima dos demais, mas

---

3 J. H. Newman, *Naturaleza y fin de la educación universitaria*, p. 244 (7ª conferência).

4 J. H. Newman, Prólogo à 6ª conferência de *The Idea of a University*, em *Naturaleza y fin de la educación universitaria*.

para alcançar a verdade. E a verdade — o conhecimento abstrato do mundo — tem dois aspectos. É poderosa, porque nos permite agir no mundo; e é bela: contemplá-la gera satisfação. Portanto, pode ser buscada com um propósito utilitário (saber para dominar) ou contemplativo (quando é buscada por si mesma). Na tradição anglo-saxônica, o conhecimento não utilitário, cultivado apenas para contemplar a verdade, é o que pertence ao saber liberal ou às artes liberais. Mas os outros saberes também são necessários. E, de fato, toda verdade pode ser contemplada e produz satisfação.

Propriamente falando, "a verdade" não nos é dada como tal, ou seja, a verdade não nos é dada de maneira completa e absoluta. Nosso intelecto alcança apenas verdades parciais. E quando a obtemos de fontes como livros, ensaios ou manuais, nós a recebemos em pequenas doses. É por isso que se distinguem dois grandes momentos na atividade intelectual: a análise e a síntese. O primeiro passo, a análise, consiste em reunir conhecimentos com o selo da veracidade, identificá-los e examiná-los. A síntese consiste em ordenar e integrar esses conhecimentos.

Um intelecto bem-educado é capaz de obter muitos conhecimentos seguros. Analisa e decompõe a realidade ou as informações que encontra até obter certas verdades; em seguida, as relaciona e ordena, até alcançar a síntese. A perfeição está no fim: "A inteligência obtém seu pleno desenvolvimento", diz o Cardeal Newman, "quando tem o poder de considerar muitas coisas ao mesmo tempo e como um todo, organizando-as adequadamente num sistema universal, compreendendo os seus respectivos valores e determinando suas dependências mútuas. Isso (...) compõe a perfeição do intelecto individual".[5] Pode-se dizer que a arte de pensar é a arte da análise e da síntese: da alimentação e da elaboração do conhecimento.

Isso se consegue aos poucos, e devemos levar em conta os ritmos do desenvolvimento humano. Na primeira época predomina o ensino. No início, o intelecto é bastante passivo, recebe dos outros, embora a assimilação dependa da atenção e do interesse. Afirma E. F. Schumacher:

> Durante toda a adolescência e juventude, antes que a mente consciente e crítica comece a agir como se fosse um censor e um guardião, as ideias se infiltram em nossa mente como um exército multitudinário. Estes anos são, poder-se-ia dizer, um período de obscurantismo durante o qual não passamos de herdeiros; somente nos anos posteriores seremos gradualmente capazes de identificar qual é a nossa herança.[6]

Não devemos ser ingênuos neste ponto. A maior parte de nossa cultura é herdada: nenhum de nós pode percorrer a geografia do planeta, repetir os experimentos e as observações que permitiram o desenvolvimento das ciências, ou ainda realizar as brilhantes sínteses que as estruturaram. Ninguém pode improvisar por conta própria a experiência que moldou as artes, nem mesmo as aparentemente mais simples, como ler e escrever. Tudo tem de ser aprendido humildemente com os outros. E vale

5 J. H. Newman, ibidem, pp. 206–207.

6 E. F. Schumacher, *Lo pequeño es hermoso*. Madri: Orbis, 1983, 2, pp. 84–85.

a pena ter uma ideia de quanto custou reunir esse tesouro. O saber não é espontâneo. Quem quiser aprender com seriedade precisa se aproximar das correntes vivas do saber e encontrar as fontes de onde brota. E deve beber ali, e não em qualquer lugar. No início, é preciso receber tudo; depois, quase tudo. No entanto, não é a mesma coisa beber da fonte ou de uma poça.

Além do que recebemos dos outros, devemos acrescentar nossa própria experiência, a qual, embora limitada, é muito importante porque colore e matiza tudo o que recebemos: orienta nossos interesses e nos dá pontos de apoio firmes para contrastar entre si as informações que recebemos. Uma experiência mais rica abre horizontes, fornece as bases que nos permitem entender, julgar e integrar melhor o que é recebido.

Em um terceiro estágio, também graças ao contraste entre o que recebemos e o que vivenciamos, desenvolvemos a capacidade de reflexão pessoal, a dimensão crítica da inteligência. O intelecto se torna mais ativo, aprende a julgar as fontes de informação e a ordenar os materiais, preparando sínteses que enriquecem sua imagem do mundo. Esse núcleo vivo — que é o nosso eu — torna-se pouco a pouco mais ativo e poderoso, até ser capaz de se conhecer, de se localizar no mundo e de dirigir o próprio comportamento e pensamento.

Baltasar Gracián[7] diz sabiamente que um homem íntegro deve dividir sua vida em três etapas: a primeira,

7 "Culta repartición de la vida de un discreto", em *El discreto*, XXV. Entre os livros que recomenda para "conviver com os mortos", Gracián os cita nesta ordem: línguas, história, poesia, filosofia e astrologia, as Sagradas Escrituras.

para conviver com os mortos; a segunda, com os vivos; e a terceira, consigo mesmo. Conviver com os mortos significa ler o que os outros nos deixaram. Conviver com os vivos é viajar para adquirir experiência pessoal com coisas e pessoas. E conviver consigo mesmo é meditar sobre as coisas que viveu e leu. Daí vem aquele destilado que é a sabedoria. Em outras palavras, é necessário se alimentar bem por meio tanto da leitura quanto da experiência e elaborar — digerir, ruminar — o que foi obtido, por meio da meditação.

Gracián insiste:

> Tudo o que entra pelas portas dos sentidos neste empório da alma acaba na alfândega do entendimento; tudo está registrado lá. Ele pondera, julga, raciocina, infere e extrai quintessências de verdades. Deglute primeiro lendo, devora vendo, rumina depois meditando, esmiúça objetos, desvenda as coisas verificando as verdades, e o espírito é alimentado pela verdadeira sabedoria.[8]

Vamos estudar agora como o intelecto é alimentado. Primeiro falaremos sobre os conteúdos que um homem culto deve reunir. Depois, sobre as fontes de onde normalmente são extraídos: a informação e a leitura. E, finalmente, sobre a vida intelectual, que trata da elaboração do que é recebido.

---

8 *El discreto*, XXV.

2. O conteúdo da cultura

"Homem sem notícias, mundo às escuras". A frase de Gracián assinala algo muito evidente: um intelecto que não esteja "mobiliado" é incapaz de se abrir ao que o rodeia. Sem um conjunto de conhecimentos básicos, não há como situar o restante. A cultura geral é como as estantes de uma biblioteca, que mais tarde permitirão que cada livro seja colocado em seu lugar. Se a tivermos e estiver bem estruturada, o conhecimento que chega será identificado, utilizado e preservado.

A memória arquiva os conhecimentos, e sabe-se que retém com maior facilidade aqueles que são repetidos, que causam forte impressão e que apresentam relações com os conhecimentos já adquiridos. No início, tudo precisa ser construído do zero. Mas se algum conhecimento importante estiver bem-posicionado, será mais fácil reconhecer o que foi recebido e incorporá-lo. Uma memória bem abastecida é a melhor base do saber. Isso é erudição. "A erudição está longe de ser um mal", diz o poeta francês Max Jacob. "Ela amplia o campo da experiência, e a experiência dos homens e das coisas é a base do talento".[9]

É preciso começar aprendendo, e aprendendo de memória. Não pode ser de outra forma. Durante muito tempo, o papel da memória na educação foi desacreditado. Isso foi feito com a boa intenção de evitar o aprendizado puramente mecânico e incentivar o pensamento crítico e

9 Max Jacob, *Consejos a un joven poeta*. Madri: Rialp, 1976, p. 29.

o desenvolvimento pessoal. Mas um erro não é corrigido por outro. O desenvolvimento pessoal é a plenitude do exercício da inteligência, mas vem depois. Sem uma boa alimentação, sem um tesouro prévio de conhecimento, não há elaboração, uma vez que não há o que elaborar. Max Jacob insiste:

> A memória é o dom mais poderoso do espírito. Ser capaz de situar as pessoas em tal e tal data e em tais e tais circunstâncias, bem como lembrar suas próprias palavras, é uma proteção formidável (...). Ela ajuda nossas fraquezas ao trazer as opiniões dos outros, ajuda nosso julgamento ao lembrar exemplos. É a mãe da experiência e forma o que chamam de gênio, que é a experiência precoce. A experiência precoce é obtida por meio de uma ótima memória. Cultive a memória e não se preocupe com o resto.[10]

"A memória é tão importante", acrescenta o professor Álvaro d'Ors,

> que, quando falamos sobre a cultura de uma pessoa, estamos basicamente falando sobre essa memória pessoal atualizada (...). A memória, como qualquer outra aptidão, se desenvolve com o exercício. E o admirável nela é que, quanto mais for exercitada, mais fácil será enriquecê-la com novos conceitos.[11]

Sem memória não há saber. E, no início, tudo é memória. É preciso memorizar os fundamentos do saber que se deseja adquirir. E é preciso memorizar os dados

---

10 Ibidem, p. 58.

11 A. d'Ors, *Cartas a un joven estudiante*. Pamplona: Eunsa, 1991, pp. 87–88.

gerais da cultura; da geografia, para saber onde os eventos ocorrem; e muitos dados cronológicos, para situá-los no tempo. Quando se tem essa estrutura, tudo o que se recebe depois encontra seu lugar e se aproveita. E algumas coisas hão de ser relacionadas com outras, contribuindo para preservá-las. Caso contrário, tudo será pouco significativo, desconexo, desordenado e sem um local próprio, como em uma biblioteca sem estantes.

É preciso muita erudição, mas não qualquer erudição. Em um clássico livro sobre a vida intelectual, o padre Sertillanges escreveu:

> O que interessa à memória não é tanto o número de suas aquisições, mas, em primeiro lugar, sua qualidade; em segundo lugar, sua ordem; e, finalmente, a habilidade com que são empregadas. Em geral, não faltam materiais ao pensamento; ao contrário, são os materiais que podem carecer de pensamento. De nada adianta aprender sem assimilação inteligente, sem profundidade, sem o encadeamento de uma alma rica e ordenada. A arquitetura é mais interessante do que o próprio edifício e, acima de tudo, o espírito que a habita.[12]

Saber muitas coisas, mas sem unidade ou ordem, não é saber. Possuir muitos dados, mas sem os integrar, só gera confusão. A mesma coisa acontece com uma biblioteca enorme, mas desordenada. Quanto mais livros ela contém, mais difícil é encontrar aquele que nos interessa.

O que aprender? O que nos interessa? Devemos ter em mente quais são as grandes fontes de nossa cultura. André Maurois aconselha:

---

12 A. D. Sertillanges, *La vida intelectual*. Barcelona: Estela, 1959 (3. ed.), p. 142.

> Nosso espírito é composto de camadas sobrepostas, sendo a primeira formada pelas crenças da humanidade primitiva; a seguinte, pelas religiões asiática, grega e romana; a mais rica, pelo cristianismo; e a mais fina, pelas ideias modernas sobre a estrutura do universo. Tudo isso constitui nosso ser, tudo isso está inscrito em nossas obras de arte, em nossos monumentos, em nossas cerimônias, em nossos pensamentos, e um homem não pode se libertar do passado da humanidade mais do que pode se libertar de seu próprio corpo.[13]

O professor Álvaro d'Ors é um pouco mais específico, embora sua inclinação jurídica seja evidente:

> A cultura em que vivemos se baseia em três grupos de livros: a Bíblia, toda a filosofia grega — especificamente, o *corpus* de Aristóteles, que foi o mais enciclopédico de todos os pensadores gregos — e o *Corpo de Direito Civil* do imperador Justiniano.[14]

Em um livro sobre o que a universidade deveria alcançar, J. Ortega y Gasset apontou:

> É necessário fazer do homem comum, *acima de tudo*, um homem culto e colocá-lo à altura dos tempos. Portanto, a função *primária e central* da universidade é o ensino das grandes disciplinas culturais. São elas:
>
> 1º Imagem física do mundo (física).
> 2º Os temas fundamentais da vida orgânica (biologia).
> 3º O processo histórico da vida humana (história).
> 4º A estrutura e o funcionamento da vida social (sociologia).
> 5º O plano do universo (filosofia).[15]

---

13 A. Maurois, *Un arte de vivir*. Buenos Aires: Hachette, 1991 (37. ed.), p. 39.

14 A. d'Ors, *Cartas a un joven estudiante*. Pamplona: Eunsa, 1991, p. 28.

15 J. Ortega y Gasset, *Misión de la Universidad*, publicado em *El libro de las misiones*. Madri: Espasa Calpe, 1959 (7. ed.), p. 93.

E insistiu alhures: "Quem não tem a ideia física (não a ciência física em si, mas a ideia vital do mundo que ela criou), a ideia histórica e biológica, bem como esse plano filosófico, não é um homem culto".[16]

O Cardeal Newman, por sua vez, resume e se concentra mais nos grandes temas:

> Há três grandes fins para os quais a razão humana se dirige: Deus, a Natureza e o Homem; deixando a teologia de lado nesse ponto, ficamos com o mundo físico e o social. Esses, ao se submeterem respectivamente à razão humana, formam dois livros: o livro da natureza, que é chamado de ciência, e o livro do homem, que é chamado de literatura.[17]

É muito importante conhecer o contexto geográfico e histórico. É importante ter a cronologia fixada e, em todos os campos do saber, conhecer um pouco de história, pois nos permite ordenar o panorama das grandes personalidades que se destacaram: na história da filosofia, da literatura, da música ou da pintura, das ciências. Em qualquer ramo do conhecimento, isso ajuda muito, e é adquirido por meio do uso de obras de referência.

Os alicerces desta cultura estão lançados na primeira formação, com o que foi recebido. Mas depois se desenvolvem quando as obras de referência são apreciadas e bem utilizadas. O uso frequente de enciclopédias e dicionários é muito útil. Deve-se usá-los conforme a necessidade, sempre sabendo como expandir um pouco, a fim

16 J. Ortega y Gasset, ibidem, p. 77.

17 J. H. Newman, "Idea de la universidad" (conf. 8, §9), em *Naturaleza y fin de la enseñanza universitaria*, op. cit., p. 309.

de colocar uma informação ou uma dúvida no contexto correto. De vez em quando, é aconselhável fazer uma leitura mais pausada para obter o "mapa" histórico do conhecimento que talvez não tenha sido recebido com a formação básica. Por exemplo, um dia pode ser interessante aprender a história dos movimentos musicais, da pesquisa genética ou dos clássicos do teatro grego. Uma boa enciclopédia consultada com frequência é uma ótima fonte de cultura. Mas não é necessário ler demais ou forçar-se a ler. Trata-se de expandir o que a vida coloca à sua frente e, de tempos em tempos, fazer uma inspeção mais detalhada de determinado assunto. Quando alguém se força demais, o conhecimento torna-se doloroso, e então deixa de ser proveitoso e gera rejeição.

Não se trata de fazer da erudição um ideal, nem de se deixar levar pela ganância do conhecimento. Há aqueles que desenvolvem a memória e a usam para aprender a lista telefônica, ou que insistem em aprender fatos e frases pelo simples prazer de se exibir em uma conversa. O escritor argentino Jorge Luis Borges tem um conto intitulado "Funes, o memorioso". Este personagem goza de uma memória prodigiosa, cultivada por meio de diversos sistemas mnemônicos. Era assim que conseguia se lembrar de tudo:

> Havia aprendido sem esforço o inglês, o francês, o português e o latim. Suspeito, entretanto, de que não era muito capaz de pensar. Pensar é esquecer as diferenças,

> generalizar, abstrair. No abarrotado mundo de Funes, não havia senão detalhes, quase imediatos.[18]

Para ser útil, a erudição precisa ter sido personalizada, possuída, dominada. Os conhecimentos se tornam nossos quando os relacionamos com nossas experiências e com o que já sabemos. Uma multidão de dados soltos não ajuda; antes, confunde. Sertillanges acrescenta:

> Todos os mestres nos dizem que sobrecarregar a memória é prejudicial ao pensamento e à atenção pessoal. O espírito se afoga na massa de seus materiais; o peso morto oprime o vivo, o excesso de alimento envenena; a prova disso é encontrada nos tantos pretensos eruditos de espírito falso e inerte, nas tantas "bibliotecas vivas", nos tantos "dicionários ambulantes".[19]

A geografia e as cronologias, os conceitos e esquemas fundamentais dos distintos saberes devem ser assimilados de cor, sem mais delongas. Mas tudo o que vem depois deve ser ordenado. O saber é uma certa acumulação ordenada, transparente e diáfana. O que está abaixo, os princípios, deve iluminar o que está acima, como o vidro que deixa a luz passar. Não há saber quando as coisas são colocadas umas sobre as outras sem qualquer fio condutor, sem a passagem da luz. "Há duas maneiras de saber algo", diz Manuel García Morente.

> Uma que chamaríamos de saber sem pensamento, e a outra que poderia ser chamada de saber pensado. Dessas

18 Jorge Luis Borges, "Funes el memoriudo" (1942), incluído no livro *Ficciones* e também na coletânea *Artificios*. Madri: Alianza 100, 1993, pp. 17–18.

19 A. D. Sertillanges, "La vida intelectual", op. cit., p. 136; uma seção inteira do livro é dedicada à "organização da memória": cf. pp. 135–142.

> duas formas de saber, apenas a segunda é autêntica. A primeira é apenas um substituto útil para a segunda. O saber pensado consiste na evidência intelectual.[20]

Um dos efeitos mais importantes da cultura geral está em que ela abre o mundo do diálogo e permite o convívio com pessoas instruídas. Isso é mais importante do que parece. De fato, para muitos humanistas da Renascença e do Barroco, para Castiglione, Gracián, Pascal e Montaigne, bem como para tantos outros, a medida de um homem culto consiste em sua capacidade de participar de qualquer diálogo. Não pensavam, evidentemente, na ânsia por opinar sobre tudo, mas no ingresso nessa grande corrente de aprendizagem que é o diálogo: "É o falar", diz Gracián, "o único atalho para o saber: falando os sábios engendram outros, e por meio da conversação a sabedoria é conduzida ao espírito de modo suave".[21] Juan Luis Vives pensa o mesmo: "O caminho mais curto para a ciência é a atenção e a diligência em escutar".[22]

É preciso cultura para entender e participar do que está sendo dito, especialmente nas questões mais importantes. A cultura possibilita a participação nas preocupações intelectuais, nos debates e nos movimentos de ideias que estão no ar. Sem cultura, o mundo inteiro se torna enfadonho e alheio. Acaba-se vivendo sem saber o que acontece.

---

20 M. García Morente, "Virtudes y vicios de la profesión docente", em *Escritos pedagógicos*. Madri: Espasa Calpe, 1975, p. 197.

21 B. Gracián, *El criticón*, I, 1.

22 Juan Luis Vives, *Diálogos*, XXV. Barcelona: Planeta, 1988, pp. 148–149.

3. Informação

Um homem culto é geralmente um grande leitor ou, como se costuma dizer, um "homem muito lido". A leitura é a principal fonte de conhecimento a alimentar o intelecto: ela mantém vivos e ativos os sábios do passado e nos coloca em comunicação com uma imensa multidão de homens que têm algo a dizer. A palavra escrita tem algumas vantagens. Por um lado, envolve um grau maior de elaboração do que a linguagem falada. Por outro, o texto permanece à disposição do leitor, que pode parar onde lhe interessa, revisar o que foi escrito, sublinhar, anotar e arquivar.

Se deixarmos de lado a leitura de entretenimento, que também tem seu lugar, podemos distinguir três tipos de leitura: leitura de informação geral, leitura formativa e o estudo. Primeiro falaremos da informação geral, depois da formativa e, como apêndice, trataremos dessa forma peculiar de ler que é estudar.

A leitura de informação geral é o que nos mantém atualizados com o que está acontecendo no mundo. Estamos nos referindo à imprensa diária, aos periódicos de informações gerais e às revistas culturais e especializadas.

Estar informado significa, entre outras coisas, ler a imprensa; ter uma ideia, mesmo que superficial, do que está acontecendo a nível local, nacional e internacional. As pessoas que ocupam cargos públicos geralmente leem vários jornais para ter informações mais completas; recebem até mesmo informações já classificadas ou preparadas por agências especializadas ou por seus secretários pessoais. Essas informações são necessárias se quisermos viver não apenas fisicamente no planeta Terra, mas também espiritualmente, no mundo das ideias e das palavras criadas pelos homens. Esse pano de fundo é necessário para qualquer empreendimento intelectual, mesmo que não se pretenda intervir nos assuntos triviais que enchem as páginas da imprensa diária.

Há também uma arte na leitura de jornais. O importante serviço da imprensa deve ser muito apreciado; ela é uma grande fonte de alimento para a inteligência. Mas também é preciso estar ciente de seus limites. Os jornais não são a realidade, mas uma realidade escolhida às pressas e contada por pessoas que têm sua maneira de ver as coisas, seus preconceitos e seus interesses. Os jornais geralmente têm uma linha editorial, um ponto de vista político e cultural; às vezes, também compromissos, simpatias e antipatias, que se refletem em suas páginas. Eles também são influenciados pelas modas predominantes, porque um jornal é um artigo de consumo que precisa agradar a milhares de pessoas. Quando se lê regularmente um jornal sem levar tudo isso em conta, é muito fácil acabar vendo o mundo pela ótica com que o jornal o vê ou quer que o vejamos.

Leon Tolstói retrata um de seus personagens da seguinte maneira:

> Stepan Arkadievich lia um jornal liberal, não extremista, mas de uma tendência política à qual a maioria pertencia. E, embora não estivesse realmente interessado em ciência, arte ou política, mantinha firmemente as mesmas

> opiniões da maioria e do jornal, mudando suas ideias apenas quando todos os outros mudavam; ou melhor, não as mudava, mas estas se transformavam imperceptivelmente por si mesmas. Stepan Arkadievich não escolhia tendências e pontos de vista, mas estes vinham até ele, assim como o formato do chapéu e o formato do paletó: usava o que estava na moda. Por pertencer a determinada esfera social e devido à necessidade de uma certa atividade mental — que geralmente se desenvolve na idade madura —, era-lhe tão essencial ter seus próprios pontos de vista quanto usar um chapéu.[23]

A história recente é rica em exemplos da deformação, às vezes inconsciente, às vezes consciente, da realidade transmitida pela mídia, especialmente em questões ideológicas e políticas, em que há um grande interesse em criar climas de opinião. O poder de uma empresa ideológica depende do prestígio que alcança, e isso, por sua vez, depende da propaganda. É por isso que todas as empresas ideológicas tendem a influenciar os meios de comunicação para criar opinião. Um conhecido ensaísta francês escreve: "Qual é, então, o destino da informação nesta civilização que vive dela e por causa dela?"E, depois de se referir ao diferente papel que desempenha nas sociedades democráticas ou nos regimes totalitários, entre os líderes e entre as pessoas normais, continuou:

> A dificuldade de enxergar com clareza e agir com discernimento não se deve mais, hoje em dia, à falta de informação. A informação existe em abundância. A informação é o tirano do mundo moderno, mas também é o servo; (...) julgamos e decidimos, assumimos riscos

23 L. Tolstoi, *Ana Karenina*. Madri: Aguilar, 1964 (3. ed.), vol. II, cap. 3, p. 15.

> e fazemos com que os outros os assumam, convencemos os outros e os fazemos decidir, com base em informações que sabemos serem falsas, ou pelo menos sem querer levar em conta informações absolutamente verdadeiras, que temos ou poderíamos ter se as quiséssemos. Hoje, como no passado, o inimigo do homem está dentro dele. Mas não é mais o mesmo; antes era a ignorância, hoje é a mentira.[24]

E a primeira frase deste livro — que ganhou um importante prêmio de ensaio — diz: "A primeira de todas as forças que dirigem o mundo é a mentira".

Uma coisa é certa: precisamos ler de forma crítica. Precisamos analisar a imprensa que lemos para lidar melhor com ela. Algumas sugestões podem ajudar.

É um critério de rigor elementar acostumar-se a olhar para a assinatura e distinguir o tipo de texto: se é um editorial ou um artigo de destaque; se vem de um colaborador regular ou de um convidado; se consiste numa notícia de agência (e qual agência) ou se foi escrita por um editor de jornal. Tudo isso importa. Além disso, observar as assinaturas fornece uma cultura de autores bastante útil na seleção do que vale a pena ler.

Caso se trate de um artigo de destaque, não devemos esquecer que contém a opinião particular de um homem tão limitado quanto nós, que pode ser nosso vizinho. É aconselhável criar uma distância crítica. Não faria sentido manter uma espécie de temor reverencial pelo que aparece em papel impresso e aceitar tudo.

---

24 J. F. Revel, *El conocimiento inútil*. Barcelona: Planeta, 1989, p. 21; o livro contém muitos exemplos de desinformação.

Ao ler as notícias, é preciso distinguir fatos de interpretações. Raramente nos deparamos com os fatos nus e crus. Os jornalistas colorem as notícias para torná-las mais interessantes; às vezes, especialmente quando há questões substantivas envolvidas, usam adjetivos para qualificar ou desqualificar personagens: moderno/medieval, atual/antiquado, progressista/conservador, democrático/fascista... Esse modo de proceder é uma sequela — muitas vezes inconsciente — da manipulação das ditaduras ideológicas do século XX, que praticaram intensamente a arte da desinformação. Prejudica a objetividade e a qualidade da informação, mas não recebe importância e é bastante difundida. Estamos interessados na verdade dos fatos, e não em colorações ideológicas.

Os jornais selecionam as notícias, e isso depende de sua linha editorial. Com um pouco de observação, logo perceberemos que tipo de notícia eles selecionam, quais se destacam mais por causa das manchetes e do posicionamento, e quais são esquecidas. A omissão também é uma forma de seleção. A maneira como as manchetes são colocadas é significativa; há jornais que as exageram para serem mais divertidas e atingirem um público maior; às vezes, elas não correspondem ao texto da notícia.

É importante pensar com critério sobre os jornais de leitura regular e prestar atenção especial à qualidade das notícias internacionais e culturais, sabendo que os preconceitos ideológicos geralmente são mais fortes nessas áreas. É bom variar um pouco, para não ficar preso a apenas uma maneira de pensar.

Os jornais são escritos às pressas, de um dia para o outro. A imprensa fornece avanços, dados e pistas, mas não deve ser a única fonte de informação. Quando há uma notícia científica ou cultural que nos interessa, é necessário recorrer a uma revista especializada para encontrar informações confiáveis e completas. As pessoas que transmitem as notícias na imprensa não costumam ser especialistas nos assuntos sobre os quais escrevem; elas recebem informações fragmentadas de suas fontes e não têm tempo para solucionar dúvidas. Por esse motivo, tendem a cometer muitos erros e imprecisões.

Agradecemos seu esforço para informar rapidamente, mas é preciso ter essa limitação em mente. Basta correr os olhos, sem a obrigação absurda de ler um jornal inteiro. Dez minutos podem ser suficientes, e não necessariamente todos os dias — artigos de opinião interessantes podem ser reservados para o fim de semana.

Para obter informações culturais, vale a pena dar uma olhada nos melhores suplementos de jornais. Mas esteja ciente de que algumas das notícias e resenhas de livros geralmente são comprometidas. Os jornais geralmente estão vinculados a grupos editoriais e, portanto, não costumam ser independentes em sua escolha de literatura. Para obter informações sobre publicações, bem como sobre o movimento de ideias, vale ficar de olho nas revistas culturais e intelectuais. O mesmo se aplica às revistas científicas populares, no caso em que se deseje manter viva uma ideia global do mundo. Em geral, se queremos acompanhar um assunto em profundidade, é preferível consultar revistas especializadas em vez de ler informações fragmentadas e desconectadas dia após dia.

Estas limitações não diminuem o valor da imprensa diária. Embora frágil, a imprensa é um meio direto e rico de alimentar a cultura, devido à sua variedade. É mais consistente que a televisão, porque o leitor desempenha um papel muito mais ativo que o "espectador". É mais profunda, por causa de seus artigos detalhados. E é mais densa: no tempo que se leva para ler um jornal, a televisão não é capaz de transmitir a mesma riqueza de informações.

A televisão tem o poder das imagens a seu favor, proporcionando uma experiência direta e, aparentemente, mais completa, embora não devamos esquecer a limitação do foco: o "espectador" só vê o que a câmera focaliza. É necessário saber pelo menos um pouco sobre sua programação, pois ela tem uma grande influência; além disso, é o meio que transmite o cinema, a arte do século XX. O rádio, por sua vez, é um meio muito ágil que pode servir de companhia para viagens e momentos de descontração. Os programas culturais e de opinião desempenham um interessante papel educativo e informativo, e os debates são mais ágeis do que na televisão. É muito bom dominar essas mídias. E a maneira de fazer uso inteligente do rádio e da televisão é a mesma: selecionar com antecedência e ser fiel a alguns bons programas.

4. A leitura e os clássicos

A parte mais importante do cultivo do intelecto é a leitura de grandes livros, aqueles títulos seletos que nos permitem o convívio com os maiores espíritos que existem e existiram no mundo. Para qualquer pessoa, parece um privilégio extraordinário receber as confidências de um grande pensador. É exatamente isso o que acontece quando lemos seus livros: recebemos sua mensagem mais refletida e central, exatamente aquilo que queriam dizer, e do modo mais preciso. Ler os grandes pensadores é viver com eles, aprender com seu conhecimento e participar de suas preocupações. Todas as artes são aprendidas por imitação, e a arte de pensar é adquirida pelo contato com os grandes pensadores.

Uma advertência prévia, muito óbvia: não temos todo o tempo do mundo. Diz-se que um estudante universitário deveria ler cerca de doze livros por ano. Esse número bastante otimista nos permite um cálculo muito eloquente. Se presumirmos que uma pessoa tem uma vida intelectual de setenta anos e que, a cada ano, completa uma dúzia de livros, isso significa que, em uma vida inteira, ela terá lido 840 livros, ou seja: 360 até a plena maturidade intelectual (a idade de quarenta anos) e mais 480 até depois dos oitenta anos. São menos de mil livros numa vida inteira. É um número ridículo se levarmos em conta, por exemplo, que as principais bibliotecas universitárias contêm milhões de volumes e que, em cada país, dezenas de milhares de títulos são publicados todos os anos, incluindo novos lançamentos, reimpressões e traduções. Na primeira prateleira de qualquer biblioteca, você pode encontrar os 840 livros que um estudante universitário médio lê durante toda a vida!

Este cálculo só serve para tirarmos uma conclusão: devemos selecionar. "Somos obrigados a viver com livros", diz um grande intelectual, "mas a vida é curta demais para viver com livros que não são os mais importantes, as obras fundamentais".[25] E, em sua estupenda *Defesa da leitura*, o poeta Salinas assinala:

> O que convém é conformar-se: conformidade com o tempo que a providência de Deus nos dá, sem gorjetas nem extensões possíveis; conformidade, por conseguinte, com essa realidade que nos é imposta de não ler neste lapso de tempo mais livros do que aqueles que podem ser lidos profunda, proveitosa e delicadamente. Que não possam ser muitos? Pois que sejam bons.[26]

Quais livros escolher? É mais fácil dizer quais livros não devem ser escolhidos. Em primeiro lugar, não se devem escolher livros que tenham sido colocados em órbita pela publicidade. Não há garantia de que sejam melhores do que os outros. É melhor esperar: quantos livros desaparecem sem pena nem glória, deixando apenas uma margem de lucro comercial! Para ter uma ideia do que se trata, basta ler os comentários dos críticos, pois é para isso que existem. É preciso cuidar do próprio intelecto. Não vamos tomar de beber qualquer coisa só porque alguém gastou dinheiro para anunciá-la. Diante das ofensivas publicitárias, não devemos ter pressa. Só depois de quatro ou cinco anos, se o livro continuar

---

25 L. Straus, *Liberalism, Ancient & Modern*. Nova York: Basik Books Inc., 1968, pp. 3–8; texto extraído da antologia de M. A. González Diestro & R. T. Caldera, *La formación intelectual*. Caracas: Asesoramiento y Servicios Educativos, 1971, p. 45.

26 P. Salinas, de sua palestra sobre a "Defesa da leitura", publicada em *El defensor*. Madri: Alianza, 1986 (3. ed.), p. 136.

ganhando adeptos, vale a pena considerar lê-lo. Caso contrário, metade do que lermos nos escapará das mãos e nos roubará o pouco tempo que temos para ler o que realmente interessa. O que lemos deve ser muito bom e muito selecionado.

Também não se deve escolher, em princípio, os livros mal escritos, mal traduzidos, mal apresentados, mal compostos ou com muitas erratas. Em geral, não se pode esperar muito de um autor ou de uma editora que não cuida do que publica. Um livro é uma obra de arte, ou ao menos de artesanato. Quem não entende isso costuma ter pouco a contribuir.

Ademais, não há obrigação de terminá-los, nem de ler tudo: prólogos, introduções, apêndices. A primeira coisa que se deve ler em um livro é o sumário e os dados sobre o autor que figuram nas folhas de rosto, na contracapa ou na apresentação. Isso fornece informações que nos ajudarão a ler o livro de forma mais proveitosa ou a deixá-lo de lado. É uma boa ideia fazer algumas "degustações" com antecedência, ou seja, leituras curtas de itens selecionados no sumário, para testar a qualidade do livro.[27] E sempre devemos ter a liberdade de abandoná-lo quando parece que não tem mais nada a oferecer. Não há por que se tornar escravo das linhas impressas como se fossem os trilhos por onde o trem tem de passar, da primeira letra maiúscula até o último ponto. Schopenhauer falava da "arte de não ler"...

27 São os principais conselhos do famoso livro de Mortimer J. Adler, *How to Read a Book* (1940), ampliado — talvez em demasia — com a colaboração de Charles van Doren: *Cómo leer un libro*. Madri: Debate, 1996.

A leitura pode se tornar uma paixão, uma evasão necessária, como se fosse uma droga, e nesse caso os livros são devorados um após outro sem ordem alguma. Isso não serve para nada: não é vida intelectual, mas uma vertigem. É preciso ter em mente que o intelecto, assim como o corpo, não vive do que come, mas do que assimila. A leitura, em todo caso, desgasta. André Maurois chama isso de leitura-vício.[28] Juan Luis Vives aconselha: "Não leia nada com a mente distraída por outras coisas".[29] Além disso, o vício da leitura pode ter consequências inesperadas. Basta lembrar essas grandes linhas de Dom Quixote:

> É pois de saber que este fidalgo, nos intervalos que tinha de ócio — que eram os mais do ano —, se dava a ler livros de cavalaria com tanta afeição e gosto, que se esqueceu quase de todo do exercício da caça e até da administração dos seus bens (...). Em suma, tanto naquelas leituras se enfrascou que as noites se lhe passavam a ler desde o sol posto até à alvorada, e os dias, desde o amanhecer até fim da tarde. E assim, do pouco dormir e do muito ler, se lhe secou o cérebro, de maneira que chegou a perder o juízo.[30]

Non multa sed multum, recomendou Plínio, o Jovem: "Não muitas coisas (dispersas), mas muito".[31]

Ler bem o melhor; do contrário, é perda de tempo: "Não leia mediocridades", recomendava o poeta Max

---

28 A. Maurois, *Un arte de vivir*, op. cit, p. 98.

29 *Nihil umqam legito animo peregrinante et alibus rebus intento*: "De ratione studii puerilis", Epístola II, em Juan Luis Vives, *Antología de textos*. Valência: Universidad de Valencia, 1992, pp. 424–425.

30 Don Quixote, I, cap. 1.

31 *Aiunt enim multum legendum esse, non multa*: *Epístolas*, VII, 9.

Jacob. "Leia as obras dos grandes espíritos e ande em sua companhia"[32]. E mais adiante: "Quanto tempo, quantas horas desperdicei lendo livros dos quais não me resta sequer uma lembrança! Se eu tivesse orientado essas horas a apenas uma direção, agora seria senhor desta".[33] "A cultura provém do que recebeu uma boa lição de filosofia e do conhecimento profundo dos grandes gênios. O restante dos livros é um luxo para as férias. Não há tempo para ler livros inúteis".[34]

O pensador espanhol Jaime Balmes também insiste:

> É conveniente ler autores cujos nomes já são geralmente conhecidos e respeitados; isso economiza muito tempo e leva a um maior progresso. Esses autores eminentes ensinam não apenas pelo que dizem, mas também pelo que fazem pensar.[35]

A lista de testemunhos nesse sentido poderia se estender indefinidamente. O próprio Sêneca faz algumas considerações clássicas na segunda de suas *Cartas morais a Lucílio*:

> Cuida para que esta leitura de muitos volumes e muitos autores não tenha algo de caprichoso e inconstante (...). Uma multidão de livros dissipa o espírito; e, portanto, não podendo ler tudo o que tens, basta que tenhas o que podes ler (...). É próprio de um estômago inapetente provar muitas coisas que, por serem contrárias e diversas, em vez de alimentar, corrompem. Lê,

32 Max Jacob, *Consejos a un joven estudiante*. Madri: Rialp, 1976, p. 30.

33 Ibidem, p. 98.

34 Ibidem, p. 99.

35 Jaime Balmes, "Lógica", em *Obras completas*, BAC, vol. III, 100.

> pois, sempre autores consagrados e, se alguma vez te apetecer distrair-te com outro, volta a eles.[36]

Acima de tudo, devemos ler os livros que resistiram ao teste do tempo, aqueles que são os favoritos dos bons leitores em todo o mundo... Em resumo: os "clássicos" de cada assunto. Os clássicos são os livros imortais, aqueles criados pelo gênio e saboreados pelo gênio. Pedro Salinas diz:

> Ler os clássicos com profunda atenção é entrar em contato com pessoas que souberam pensar, sentir, viver mais do que quase todos nós, e de forma exemplar; é também perceber como esse pensamento e sentimento se transformaram em belas palavras. Os clássicos são uma escola completa; aprendemos com eles em todos os lugares, admiramos o que é profundamente sentido ou claramente pensado, o que é bem dito. E quando chegar a nossa vez, em nossa modesta tarefa no mundo, de compartilhar com nossos vizinhos uma ideia ou um sentimento nosso, esses clássicos que lemos estarão atrás de nós, às nossas costas, invisíveis mas fiéis como os deuses que, na epopeia helênica, inspiraram os heróis, ajudando-nos a encontrar a expressão certa de nossa intimidade.[37]

Em um breve ensaio, Italo Calvino preparou uma lista de catorze características dos clássicos, entre as quais destacamos:

> 1. Os clássicos são aqueles livros sobre os quais frequentemente se ouve as pessoas dizerem "estou relendo", e nunca "estou lendo".
>
> [...]

---

36 Sêneca, *Cartas morales a Lucilio*. Madri: Planeta, 1985, II, pp. 4–5.

37 Pedro Salinas, "Defensa del lenguaje", em *El defensor*. Madri: Alianza, 1967, p. 330; o poeta inclui uma série de considerações pertinentes sobre as limitações das listas de livros.

5. Toda leitura de um clássico é, na realidade, uma releitura.

[...]

7. Os clássicos são os livros que chegam trazendo impressa a marca das leituras que precederam a nossa e, por trás delas, a marca que deixaram na cultura ou nas culturas que atravessaram (ou, mais simplesmente, em sua linguagem ou costumes).

[...]

8. Um clássico é uma obra que suscita uma incessante poeira de novos discursos críticos, mas que a obra sacode de si continuamente.

9. Clássicos são livros que, quanto mais se pensa conhecê-los por ouvir dizer, mais novos, inesperados e sem precedentes são quando os lemos de verdade.

10. Denomina-se clássico um livro que se configura como o equivalente do universo, a exemplo dos antigos talismãs.

[...]

13. Um clássico é aquele que tende a relegar a atualidade à categoria de ruído de fundo, mas ao mesmo tempo não pode prescindir desse mesmo ruído.[38]

Normalmente, a cultura geral de uma pessoa se nutre de três tipos de livros: literatura, especialmente os grandes romances; história e, dentro dela, também

38 Italo Calvino, *Porqué leer los clásicos*. Barcelona: Tusquets, 1993 (2. ed.), pp. 13–19. O livro é uma coletânea de artigos, e o primeiro tem esse título; nele, Calvino comenta as catorze características.

biografias; e ensaios sobre assuntos filosóficos, políticos, científicos, literários, artísticos e religiosos. Há clássicos nos três grupos. Alguns são universalmente reconhecidos (os *Evangelhos*, *Dom Quixote*, *A guerra das Gálias*); outros são apreciados por especialistas em cada assunto. Também eles são muitos, e novos vão sendo incorporados aos poucos: não poderemos ler todos. Devemos nos resignar a escolher entre os nossos interesses, com uma dieta variada, como fazemos com os alimentos. Por esse motivo, é aconselhável ter muito cuidado com as informações, sempre levantando perguntas. Toda vez que encontrarmos uma pessoa com conhecimento em qualquer assunto, é uma boa prática pedir que ela nos recomende dois ou três títulos excelentes. Com isso se pode fazer uma lista de espera...

Literatura ou biografias não devem ser desprezadas em favor de ensaios. O ensaio permite esboços elaborados, mas a literatura proporciona muito mais experiência de vida. "Aqui reside, se não estou enganado", diz C. S. Lewis, "o valor específico da boa literatura considerada em seu aspecto como *Logos*; ela nos dá acesso a experiências distintas das nossas". E acrescenta:

> Aqueles que estão habituados à boa leitura geralmente não têm consciência da enorme extensão de seu ser que foi proporcionada pelo contato com os escritores. É algo que compreendemos melhor quando conversamos com um amigo que não lê dessa maneira. Ele pode ser bondoso e sensato, mas vive em um mundo muito limitado, no qual nos sentiríamos sufocados. A pessoa que se contenta em ser apenas ela mesma e, portanto, menos pessoa está encarcerada em uma prisão. Sinto que

> meus olhos não são suficientes; preciso ver também com os olhos dos outros.[39]

E assim também com a história, *testis temporum, lux veritatis, magistra vitae, nuntia vetustatis*, como diz Cícero: "Testemunha dos tempos, luz da verdade, mestre da vida, mensageira da antiguidade".[40] As grandes biografias, quando confiáveis, transmitem mais facilmente a atmosfera de uma época, e podemos aprender muito com a vida dos grandes. Absorver a experiência dos outros é uma excelente maneira de ampliar a nossa própria.

É preciso, pois, dialogar com os livros. A leitura é uma atividade intelectual, e não apenas mera recepção de conteúdo. É preciso ser o protagonista. Em um breve ensaio sobre a leitura, Marcel Proust descreve um erudito:

> Ele lê por ler, para lembrar o que leu. Para ele, o livro não é o anjo que alça voo assim que abre os portões do jardim celestial, mas um ídolo petrificado, que adora por si mesmo (...). Seu espírito, carente de atividade original, não sabe extrair dos livros a substância que poderia fortalecê-lo; traga-os em sua forma intacta e, em vez de conter para ele algum elemento assimilável, algum germe de vida, não passa de um corpo estranho, um princípio de morte. É desnecessário dizer que (...) qualifico de prejudicial este gosto, esta espécie de respeito fetichista pelos livros.[41]

Um espírito original sabe como subordinar a leitura à sua atividade pessoal. Para ele, é apenas a mais nobre das distrações, a mais enobrecedora de todas, já que somente

39 C. S. Lewis, *Crítica literaria: un experimento*. Barcelona: A. Bosch, 1961, p. 110.

40 Cícero, *De oratore*, II, cap. 9, 36.

41 M. Proust, *Sobre la lectura*. Valência: Pretextos, 1989. Trata-se do prólogo à tradução francesa da obra do crítico de arte inglês John Ruskin: *Sésamo y lirios*.

a leitura e a sabedoria proporcionam as "boas maneiras" do intelecto. A força de nossa sensibilidade e inteligência só pode ser desenvolvida dentro de nós mesmos, nas profundezas de nossa vida espiritual. Mas é justo nesse relacionamento contratual com outras mentes — que é a leitura — que a educação das "boas maneiras" da inteligência é forjada.[42]

5. A vida intelectual

Há vida no intelecto quando o que foi recebido é ponderado, ordenado e sintetizado. Parte do trabalho é inconsciente, porque o intelecto, em certo sentido, trabalha sozinho: recorda, relaciona, compõe. Mas há uma maneira consciente de elaborar o conhecimento, de saboreá-lo e aproveitá-lo ao máximo. Chama-se *vida intelectual.*

A vida intelectual depende muito de suas preocupações e horizontes. É necessária a inquietação intelectual, ou seja, a capacidade de se maravilhar com as coisas e de se perguntar sobre o significado dos acontecimentos ou as causas dos fatos. Isso dá origem a perguntas e interesses, que são a força motriz por trás da atividade do intelecto. Uma pessoa com questões sempre pensa e usa suas experiências e tudo o que lê para dar corpo às suas reflexões e para responder a si mesma. Essas perguntas são como vias pelas quais a inteligência flui e cresce, levando-a diretamente para a floresta do desconhecido. Quando grandes questões são levantadas, todas as

42 Ibidem, p. 67.

experiências e leituras progridem e zonas cada vez mais amplas são iluminadas. Tudo se aproveita.

Quando uma pessoa amadurece, é lógico que tenha diante dos olhos as grandes questões da existência — o sentido da vida, a felicidade e a vida após a morte — e experiências fortes — o amor, a dor, a amizade, a morte, Deus —, bem como preocupações sobre como melhorar a própria vida e a sociedade em que vive. São inquietudes universais, mas cada um as levanta pessoalmente. Esse é o núcleo fundamental da vida intelectual e a trama que torna interessante toda literatura e história. Essa meditação, continuamente enriquecida pelas próprias experiências e pelo que recebemos de outras pessoas por meio de conversas e leituras, forma o sedimento das ideias. Não são simples conhecimentos, ou seja, "fatos" ou "ideias" conhecidas ou familiares, mas convicções profundamente enraizadas na própria vida. Afinal, é preciso coerência para viver de acordo com o que se descobre. Quando alguém se esforça honestamente para viver de acordo com o sentido da vida que descobre, retificando os erros inevitáveis, torna-se sábio. Essa é a coroa da vida intelectual.

Ademais, uma pessoa pode ter preocupações, interesses e *hobbies* específicos em muitos outros campos do conhecimento. Há uma curiosidade saudável que estimula a inteligência. Entretanto, para que essa curiosidade dê frutos, é importante concentrá-la, pois o tempo é curto e nossas capacidades, limitadas. Por isso é bom propor linhas de estudo e preparar a expedição em território desconhecido procurando os melhores guias, os melhores livros.

Escrever sobre o que interessa pode ajudar muito. Isso estimula a leitura: lê-se com outros olhos e com outros interesses, e aproveita-se a oportunidade de viagens e conversas para reunir material que possa ser útil. Dessa forma, o interesse por um assunto ou tópico deixa de ser uma curiosidade de amador e se torna uma aventura do saber. Só se aprende algo em profundidade quando se faz o esforço de explicá-lo a outras pessoas, ainda mais se for por escrito, devido ao que isso exige. Escrever não é algo extraordinário, mas a tarefa natural à qual se dedica a vida do intelecto, mesmo que a pessoa tenha outras ocupações. É muito difícil que uma vida intelectual madura exista sem a escrita, porque aqueles que leem muito e leem bem tendem a fazer isso. Coisa distinta é que o ritmo de suas ocupações não permita que o faça, ou que não consiga levá-lo até o fim. Porém, mesmo que tenha permanecido na intenção, o esforço será compensado: a vida intelectual terá sido fecunda, com mais sabedoria e profundidade.

Sempre há tempo para pensar, porque pensamos em todos os momentos e em todos os lugares. Vale a pena ler o que diz Sêneca:

> Mentem os que querem fazer parecer que a multidão de afazeres os impede de se dedicar aos estudos liberais, os que fingem ocupações e as multiplicam, atrapalhando-se a si mesmos; eu, caro Lucílio, tenho meu ócio, e onde quer que eu esteja, pertenço a mim mesmo. Não me entrego às coisas, mas me entrego a elas por empréstimo; não corro atrás de ocasiões para perder tempo, mas paro em qualquer lugar, entrego-me aos meus pensamentos e medito alguma coisa saudável. Quando me entrego a

> amigos, não me subtraio de mim mesmo, nem me detenho com aqueles com quem alguma circunstância ou algum dever de cortesia me uniu, mas permaneço com os melhores dos homens; em qualquer lugar, em qualquer época em que possam ter existido, a eles dirijo minha alma.[43]

Quando pensamos, e mais ainda se decidimos escrever, devemos aprender a ser rigorosos. Esse é o método da vida intelectual, e iremos analisá-lo brevemente. A atividade especulativa da inteligência tem, como já dissemos, duas linhas principais de atividade: análise e síntese.

A análise deve fornecer os materiais para a construção. Para isso, é preciso ter uma ideia das fontes a ser investigadas, as quais são então selecionadas, julgadas segundo sua qualidade e ordenadas de acordo com sua prioridade Por fim, são lidas em ordem, e suas contribuições são divididas para extrair os elementos relevantes (dados, ideias, esquemas, contextos).

A análise exige rigor crítico. É preciso ter certeza dos materiais que serão utilizados. Não se pode aceitar qualquer dado de qualquer fonte. É preciso julgar se a fonte é confiável e se o dado foi extraído corretamente. Por isso, nem todo livro serve. É preciso verificar quem o escreveu, quais são seus conhecimentos, em que se baseia, quem cita, qual é a seriedade da editora... Nem todos os livros são iguais, assim como não são iguais todos os autores e todas as editoras. Existem edições melhores que outras, traduções mais criteriosas e edições críticas.

43 Sêneca, "Carta LXII", *Epístolas morales a Lucilio*. Madri: Planeta, 1985, p. 144.

O conhecimento é algo muito delicado. Como as coisas são distorcidas ao longo do caminho, é preciso ir às próprias fontes sempre que possível. Se estudarmos, por exemplo, o conceito de amor, necessariamente encontraremos Platão. Careceria de seriedade falar sobre o que Platão diz sem tê-lo lido diretamente. Nisso consiste ir às fontes. O que os outros citam não é suficiente. Em assuntos essenciais, é às fontes que devemos ir.

O resultado do trabalho intelectual pode ser muito variado. Há uma parte intangível, que é o alimento que a inteligência recebe diretamente, as riquezas que ganha, a expansão que experimenta, a familiaridade que adquire com determinados assuntos. Mas outra parte do fruto deve ser tangível. E ela assume três formas: as anotações e as marcas feitas no próprio livro; os esquemas ou resumos do livro como um todo; e as fichas ou anotações.

É uma pena que isso o estrague, mas um livro bem lido e anotado é uma fonte permanente de referência. Deve-se fazê-lo apenas com os livros fundamentais, se forem próprios, e a lápis. É útil colocar alguma marca na margem das passagens significativas (é mais limpo do que sublinhar): pode ser um asterisco ou um traço; é conveniente, ademais, destacar os esquemas que aparecem no texto, colocando números ou letras nas divisões, bem como fazer referências a outras páginas que tratam de temas paralelos. Também são muito úteis os índices pessoais feitos no final ou no início do livro, remetendo às páginas onde se encontraram coisas interessantes. Dessa forma, localizam-se rapidamente os pontos que só vagamente a memória recorda. É isso o que sempre ocorre com os trechos favoritos, as ideias brilhantes, os esquemas que chamaram a atenção em outro momento.

Em outros casos, ou se o livro não for nosso, é melhor fazer um esquema separado, incluindo algumas citações breves, com dados bibliográficos completos. Também pode se tratar de uma nota que explique o argumento ou a ideia principal do livro. Com o passar dos anos, isso será muito útil, pois quem lê muito esquece muito. Um esboço ou um resumo essencial refresca a memória e permite reter o que é mais significativo.

Mas o fruto intelectual mais típico de uma leitura (e também de uma experiência ou de uma sessão de cinema ou teatro) são as anotações, as fichas nas quais as ideias são coletadas. Elas podem consistir em anotações textuais, em que uma passagem do livro é registrada com dados bibliográficos, ou em alguns dos diagramas que aparecem, ou nas ideias que nos ocorreram durante a leitura. É sempre uma boa ideia fazer um pequeno esforço para escrever o contexto, seja da ideia textual que estamos copiando ou da ideia que nos ocorreu. Caso contrário, pode acontecer que, com o passar do tempo, uma citação desnuda e fria não nos diga nada, uma vez que esquecemos o ambiente em que surgiu.

Essas anotações geralmente são a base de todo o trabalho intelectual. É aconselhável, portanto, tomá-las bem, em papel do mesmo tamanho (geralmente tamanho A6): "Tenha sempre papel e caneta à mão", recomenda Juan Luis Vives em uma de suas cartas, "e o que quer que o surpreenda ou agrade, escreva em uma nota".[44] Mas é preciso pensar antes de fazer uma anotação. Não podemos tomar nota de tudo, porque isso nos imporia um trabalho que, no final, seria odioso. Basta tomar nota de elementos muito importantes dos assuntos que nos interessam e sobre os quais talvez venhamos a escrever ou falar no futuro.

Essas fichas são organizadas em arquivos, conforme e quando necessário; porém, não se deve insistir em criar arquivos ou dividi-los antes das fichas, mas exatamente o contrário: os arquivos devem ser criados e organizados à medida que as fichas são reunidas. Lembre-se de que o excesso é uma experiência vertiginosa, ainda mais se estiver em uma mídia de computador. Para escrever, um arquivo manual bem seleto, em que as fichas possam ser vistas e ordenadas rapidamente, é melhor do que um arquivo de computador enorme com milhões de dados, o que não é gerenciável. Arquivos de computador massivos são geralmente usados para processamento, classificação e pesquisa de dados numéricos, mas não para classificar ideias. É a mente que tem de fazer isso.

Com esse material constrói-se a síntese. Quase sempre, quando se tem a oportunidade ou se é provocado a fazer uma apresentação oral ou escrita, é necessário elaborar um esquema ou arcabouço, distribuindo e completando as ideias que surgem nas fichas e escolhendo o

44 *Adsit semper penna et charta; quae miraberis, quae te delectabunt, insignias aliqua nota*: J. L. Vives, "De ratione studii puerilis", Epístola II, I, 270–293, reunido em *Antología de textos de Juan Luis Vives*. Valência: Universidad de Valencia, 1992, pp. 426–427.

lugar das citações textuais. O esquema deve ser o esqueleto da apresentação. Geralmente é necessário repeti-lo várias vezes, até que tudo esteja no lugar e o material encontre-se distribuído de maneira uniforme. Não se deve esquecer que uma apresentação é uma história, que deve ter um começo, um fim e um certo enredo que desperte o interesse. Não pode consistir, exceto em dicionários e enciclopédias, em um simples acúmulo de dados. O assunto deve ser distribuído em espaços não muito longos, e não deve haver muitas divisões (o número 3 é mágico nesse aspecto). Não convém que o esquema seja excessivamente detalhado; caso contrário, aprisiona a inteligência e a escrita se torna incômoda.

Apêndice: o estudo

Vale a pena dedicar tempo a isso. O estudo é uma leitura intensa, ponderada e sistemática por meio da qual se deseja possuir e dominar determinada área do conhecimento. Isso geralmente consiste em determinar quais são os dados relevantes e memorizá-los; compreender profundamente os conceitos que estão em jogo; e estabelecer o esquema que permite que dados e conceitos se relacionem. Trata-se de uma verdadeira obra intelectual em que a iniciativa do leitor é muito maior do que em outros tipos de leitura. E requer muitos hábitos:

- Ter disciplina para vencer a preguiça, começar pelo que é difícil e perseverar até o fim, apesar do cansaço. O estudo intenso muitas vezes se torna muito exigente, e é necessário autocontrole para atingir as metas planejadas.

- Distribuir no tempo a matéria a ser estudada. É necessário dedicar as melhores horas aos assuntos mais complexos e deixar as piores horas para as tarefas mais simples. Deve-se planejar, distribuir e estabelecer metas: isso confere ao estudo certo ar esportivo, pois transforma as metas em desafios.
- Concentrar-se, evitar distrações que possam vir do ambiente e, acima de tudo, controlar a própria imaginação. Esse controle depende da maturidade da pessoa e de sua aplicação, ou seja, do esforço ativo que ela desenvolve. Antes de começar a estudar, é necessário se concentrar e se preparar um pouco, como fazem os bons esportistas.

Embora a maneira de estudar dependa muito do tipo de assunto, geralmente podem-se propor quatro fases.

A primeira é estabelecer o assunto a ser estudado — capítulos ou páginas do livro — e o tempo dedicado a ele. É preferível estudar cada questão ou tópico separadamente, como uma unidade; isso torna mais fácil preparar as respostas. Estabelecer prazos estimula o estudo, auxilia a concentração e ajuda a superar os momentos de cansaço e distração. A duração média do estudo pode ser de uma hora e meia; depois disso, são necessários alguns minutos de descanso ou uma mudança de assunto. Caso contrário, o desempenho será bastante reduzido.

O ponto central do estudo é a leitura cuidadosa e concentrada do texto, na qual procuramos, acima de tudo, entender o que estamos lendo, descobrindo o significado e a intenção do que está escrito. Essa é a parte mais extensa. Durante a leitura, são feitas anotações que mais tarde serão usadas na elaboração do esquema.

Essa elaboração do esquema possibilita a síntese do que foi estudado. Repassa-se rapidamente o que foi lido e as anotações, tentando reduzi-los a poucas palavras essenciais, onde é possível ver as divisões e subdivisões do texto e a relação entre os conceitos mais importantes. Quanto mais personalizado o esquema, melhor será a memorização. Os esquemas são muito úteis para a revisão, e em geral é bom guardá-los, pois são um apoio para a memória.

Por fim, a parte mais difícil: memorização e autoexame. Deve-se revisar brevemente o esquema e tentar repeti-lo de cabeça sem a necessidade de escrever tudo, mas apenas seus traços básicos. Isso faz os esquemas serem gravados na memória. Deve-se ter em mente que o objetivo do estudo é justamente registrar essas estruturas para poder usá-las de forma inteligente. É por isso que o trabalho de elaboração e memorização de esquemas é fundamental.

Convém — embora geralmente também seja muito custoso — terminar cada período de estudo com um autoexame dos esquemas que foram elaborados. É bastante útil revisá-los nos dias seguintes. Os esquemas devem ser suficientemente significativos para que, ao revisá-los, não seja necessário recorrer ao livro que se estudou.

3

A opção pela beleza

1. A alegria do belo

> À medida que a vida interior dos prisioneiros se tornava mais intensa, também sentíamos a beleza da arte e da natureza como nunca antes. Sob sua influência, acabamos esquecendo nossas terríveis circunstâncias. Se alguém tivesse visto nossos rostos quando, na viagem de Auschwitz para um campo na Baviera, olhávamos pelas janelas gradeadas do vagão-cela para as montanhas de Salzburgo, com seus picos brilhantes ao pôr do sol, jamais teria acreditado que aqueles eram os rostos de homens sem esperança de vida ou liberdade.[1]

A comovente recordação do psiquiatra judeu vienense Viktor Frankl serve de prólogo a este tema fascinante: fala-nos de um espaço de liberdade interior que é a capacidade humana de contemplar e desfrutar das coisas belas, a qual não se perde nem nas circunstâncias amargas de um campo de concentração. Há uma experiência humana genuína — uma alegria, um contentamento, um vislumbre de realização — que surge com a contemplação

1 V. Frankl, *El hombre en busca de sentido*. Barcelona: Herder, 1986, p. 47.

de coisas belas e nos torna, pelo menos momentaneamente, felizes; ela nos tira das misérias e limitações desta vida e nos eleva a horizontes de maravilhamento.

Trata-se de uma experiência que mostra a transcendência do espírito humano, que revela que a nossa vida precisa de outros horizontes para além da mera satisfação das necessidades biológicas. Temos mais necessidades e desejos do que aqueles de coisas materiais. E há anseios particulares que só se despertam no contato com o belo.

É por isso que o cultivo do gosto estético faz parte de uma educação humana. Pode não ser a coisa mais importante, mas ainda assim importa. Ter aprendido a saborear a beleza é um tesouro. Ter a sensibilidade para descobri-la e apreciá-la nos ajuda a viver em novas altitudes, nos dá forças para lidar com momentos baixos e sombrios, amplia nosso espírito e descortina horizontes de humanidade.

A estética é um mistério. Pertence às profundezas da sensibilidade humana, e é difícil trazê-la à tona, conhecê-la, expressá-la. Trata-se de uma questão sublime e, ao mesmo tempo, sutil. Por um lado, eleva-se acima do comum e é difícil de relacionar com outras experiências. Por outro, muitas vezes é apresentada de forma vaga, com contornos imprecisos e tênues, mesmo no caso de experiências muito intensas.

Além disso, seu vocabulário é mediado por uma densa névoa comercial. Difundem-se tanto certa retórica sobre a beleza da natureza, explorada pelas agências de turismo, quanto um imenso volume de negócios que nasce às custas da produção artística, que é midiatizada pela indústria cultural já em sua criação e, sobretudo, em seu posicionamento no mercado.

O *marketing* privado e público da cultura e da arte gera tanta fumaça que mal se pode ver qual é a sua base: o que é beleza, o que é estética e o que é arte.

Graças à comercialização da cultura, esse bem se difundiu imensamente. Mas não se pode evitar o fato de que a publicidade quer guiar os gostos do público, e às vezes ela o dirige inflando artificialmente as avaliações e criando mitos que confundem. O mundo da arte não desfruta da serenidade de que necessita. Artistas, intermediários e mercados, e às vezes museus, são coagidos por compromissos ideológicos e políticas culturais. O mesmo acontece com os suplementos culturais da imprensa, que assumem a missão de orientar o gosto do público e selecionar os artistas. É demasiada tensão para uma experiência tão delicada como a estética.

Por essa razão, evitaremos, por enquanto, deliberações teóricas, que nos desorientariam em meio a uma floresta de mal-entendidos. Antes, iremos direto ao que é a chave de tudo: a experiência estética. Não a dos gênios, endeusados pela mitologia cultural, mas a do homem normal, que é a que estamos tentando fazer crescer e amadurecer.

2. A experiência estética

Não devemos pensar nela qual um tipo de êxtase, como supõe a mitologia artística. Trata-se de algo normal e cotidiano, que todos os seres humanos experimentam. Toda vez que aprovamos algo e dizemos: "É bonito, eu gosto", estamos desfrutando de uma experiência estética. Ela pode ser simples e pouco refinada, mas é genuína. E qualquer coisa que não seja isso, ou que não esteja relacionada a isso, não é uma experiência estética. O "eu gosto" é a origem e o fim da estética. A leitura devota de suplementos culturais, as opiniões de conhecedores e as declarações de artistas não podem substituir esse relacionamento pessoal e autêntico entre um homem e uma expressão da beleza. Ou se chega ao modesto, íntimo e intransferível "eu gosto", ou todo o resto é psitacismo e maquiagem.

O "eu gosto" da experiência estética é a resposta espontânea, e que surge das profundezas, à presença da beleza. Trata-se de um movimento de alegria e aprovação: de uma alegria que pode ser mais ou menos intensa e duradoura e uma aprovação que pode ser mais ou menos entusiasmada, a depender da qualidade do que percebemos e da sensibilidade de nosso espírito. Esta é a experiência estética: uma reação e uma resposta suscitada pelo belo.

Para analisar os elementos dessa experiência, podemos recorrer a um relato de Marcel Proust. Em um prefácio escrito para um livro de poesia, ele evocou os sentimentos que tivera ao ler algumas páginas de Gautier:

> Agradaram-me particularmente duas ou três frases, que se me afiguraram como as mais originais e mais belas de toda a obra. Pareceu-me impossível que qualquer outro autor tivesse escrito frases comparáveis a essas. Mas tive a

> sensação de que sua beleza correspondia a uma realidade da qual Théophile Gautier só nos deixava entrever uma ou duas vezes por volume, num pequeno resquício.[2]

E, referindo-se a uma frase em que Gautier falava da bem-aventurança dos deuses do Olimpo, acrescenta: "Esta frase me causava uma verdadeira intoxicação. Tive a sensação de estar assistindo a uma antiguidade maravilhosa".[3]

Nesse breve relato, os elementos da experiência estética se manifestam. Eles são mais ou menos os seguintes:

a) Uma *descarga afetiva* ("uma autêntica intoxicação", diz Proust) que nos afeta intimamente, despertando nossas emoções: faz-nos vibrar, entrar em harmonia. Somos cativados por uma melodia, uma perspectiva, um jogo de luzes, por alusões sugestivas. Essa descarga nos enche de um sentimento de admiração e exaltação e faz com que nos expressemos com elogios e enaltecimentos — como é belo, como é maravilhoso! É a manifestação espontânea de um impacto afetivo que não podemos suprimir.
b) O entusiasmo gera um clímax rápido, com uma *sensação de plenitude* que, no entanto, é bastante precária e vaga, como se fosse um lampejo, como se se estivesse roçando o limiar do paraíso, da tão almejada felicidade. De forma breve e confusa, porém.

---

2 M. Proust, *Sobre la lectura*. Valência: Pretextos, 1989, pp. 38–39.

3 Ibidem, p. 40.

c) O contato com essa realidade sublime produz um *contentamento* que irrompe incontrolavelmente: esta é a marca característica do belo. Trata-se de uma alegria que nos parece pura e elevada, uma vez que nasce da contemplação e é muito diferente da diversão ou do prazer físico.
d) A sensação de estar na presença de algo maravilhoso desperta certo *anseio*. Seguem-se um desejo maior e a análise do objeto belo, como se se tentasse compreender seu mistério. Os detalhes são apreendidos, mas apenas para que o sujeito volte imediatamente a contemplar o objeto como um todo. O belo sempre parece prometer algo que não chega a cumprir.
e) Surge certa nostalgia, que fica como um rastro da experiência.[4] A contemplação da beleza deixa um gosto bom na boca e, ao mesmo tempo, a decepção do regresso ao normal. É como se tivéssemos vivido por alguns momentos em um mundo melhor.

Essas são características da experiência estética. A partir de sua análise, podemos tirar quatro conclusões sobre a beleza:

a) O belo é diferente do útil, do prazeroso e do divertido.
b) A beleza afeta o homem por inteiro, o corpo e o espírito.

4 Em seu livro *Surpreendido pela alegria*, C. S. Lewis relata com emoção seus primeiros contatos fugazes com a beleza quando criança. A impressão de alegria que deixam em sua alma dá origem a uma nostalgia que guiará seus passos, durante a juventude, na busca dessa mesma sensação e que, por fim, o levará à conversão.

c) A beleza está sempre relacionada à harmonia e ao equilíbrio: é uma plenitude harmônica.
d) A beleza se apresenta como sinal de transcendência.

Vamos desenvolvê-las brevemente.

1) *O belo é diferente do útil, do prazeroso e do divertido*. Produz um contentamento diferente. Não é como o prazer de comer ou beber. Não é uma alegria corporal, mas uma alegria espiritual, que interessa ao espírito acima de tudo. Os autores medievais diziam que a beleza deve ser contemplada em vez de usada, que trata-se de um dom que não pode ser explorado. Ela não serve a nenhum outro propósito: é um bem em si mesma. Podemos dizer que um poema, uma paisagem ou uma música nos relaxa ou nos faz sentir calmos. Mas, se os usássemos apenas para relaxar, seríamos desrespeitosos.

2) *A beleza afeta o homem por inteiro, o corpo e o espírito*. Não há experiência estética sem consciência e contemplação, e não há experiência estética sem emoções profundas. A beleza precisa de uma compreensão sensorial. O corpo participa e sente a emoção, mas primeiro ela atinge o intelecto. É por isso que Tomás de Aquino ressalta que "o homem é o único ser que desfruta da beleza do sensível".[5] E observa com perspicácia que "os sentidos mais cognitivos, isto é, a visão e a audição, estão relacionados à beleza... Dizemos que há belas vistas e belos sons, mas o nome *beleza* não é usado para o que

5 *Suma teológica*, I, q. 91, a. 3, ad 3.

os outros sentidos percebem: não dizemos belos sabores e belos odores".[6]

O belo ressoa em todos os níveis de nossa existência. O romancista alemão Hermann Hesse diz:

> O homem, tal como Deus o planejou e como a poesia e a sabedoria dos povos o entenderam por milhares de anos, foi criado com a faculdade de se alegrar com as coisas mesmo quando não lhe são úteis, com uma capacidade para o belo. Na alegria do homem pelo belo, o espírito e os sentidos sempre participam em igual medida.[7]

Há uma intersecção entre o sensível e o espiritual que facilita o jogo de evocações inerentes ao belo. Cria-se uma rede de referências, correspondências, paralelos que são despertados pelo sensível e percebidos em harmonia com o espiritual. Essa unidade é a característica da beleza.

3) *Beleza e harmonia.* O belo é, de certa forma, perfeito, equilibrado, harmônico. A definição clássica de beleza, proposta por Agostinho, diz que ela é o *splendor ordinis*, o esplendor da ordem,[8] a maravilha de um todo ordenado. E Agostinho acrescenta: "Não há nada ordenado que não seja belo".[9] A ordem estética parece ressoar com a intimidade da inteligência, que é, por definição, a capacidade de ordenar. O intelecto vibra com a ordem.

---

6 *Suma teológica*, I-II, q. 27, a. 1, ad 3.

7 Hermann Hesse, "Prosas tardías", em *Obras escogidas*. Madri: Aguilar, 1957, pp. 1124; incluído na seleção de textos de F. Delclaux, *El silencio creador*. Madri: Rialp, 1969, p. 293.

8 *De vera religione*, 43, 80

9 *Nihil enim est ordinatum quod non sit pulchrum; et sicut ait Apostolus "omnis ordo a Deo est": De vera religione*, 41, 77.

Kant ressalta que "o prazer estético consiste na harmonia entre a imaginação e o intelecto".[10]

Essa ordem não é simplesmente a ordem rígida e morta dos livros em uma estante, mas uma harmonia viva na combinação de formas geométricas, ritmos, cores, sons... Achamos belos o esplendor e a harmonia da natureza, das paisagens imensas, das florestas, das cores dos animais. É uma harmonia transmitida pelos sentidos, mas admirada pelo intelecto e que resiste à análise.

Nas obras de artes plásticas — pintura, escultura, arquitetura —, há um elemento chamado composição, que é um certo equilíbrio entre as partes. No entanto, em toda obra de arte há uma integração de seus elementos que constitui uma totalidade. Na literatura, por exemplo, há uma necessidade de equilíbrio na abordagem e no desenvolvimento do tema e do desfecho; é preciso haver uma boa linguagem, personagens fascinantes, experiências a serem transmitidas e emoções sugeridas e evocadas. Também é preciso haver uma ordem formal na divisão do assunto. Mas é muito difícil descrever em que consiste essa ordem, embora sua ausência faça falta. Tudo tem de estar profundamente harmonizado. "Uma coisa é bela", diz Aristóteles, "quando nada pode ser-lhe acrescentado nem retirado".[11]

4) *Beleza e transcendência.* Na experiência estética, há algo como uma nostalgia do paraíso. Já dissemos isso

10 Citado em J. Plazaola, *Introducción a la estética*. Madri: BAC, 1973, p. 117. Sobre esse ponto, também Maria A. Garcia Labrada. *Belleza y racionalidad: Kant y Hegel*. Pamplona: Eunsa, 1990.

11 *Ética a Nicômaco*, 8, 5, 1109, b 9.

antes. Essa é uma ideia vaga porque, na realidade, não temos ideia de como seria o paraíso, mas é característico de toda experiência estética vislumbrar a perfeição. É como se o anseio de felicidade tivesse captado, por uma fresta, a plenitude para a qual tende cegamente.

O belo convida à transcendência, a ir além das condições sempre medíocres e imperfeitas deste mundo. Voltemos à experiência de Viktor Frankl:

> Certa noite, quando estávamos descansando no chão de nosso galpão, mortos de cansaço e com tigelas de sopa nas mãos, um dos prisioneiros veio correndo nos dizer para irmos ao pátio assistir ao maravilhoso pôr do sol, e lá fora vimos, a oeste, nuvens densas e o céu inteiro repleto de nuvens mudando continuamente de forma e cor, do azul-aço ao vermelho-carmim, enquanto o galpão desolado e acinzentado oferecia um contraste doloroso, pois as poças no chão lamacento refletiam o brilho do céu. Então, depois de dar alguns passos silenciosos, um prisioneiro disse a outro: "Como o mundo poderia ser bonito".[12]

Essa perfeição sugere que o belo pertence a outro mundo. Algo nos é dado que nos perturba e nos convida a ir além: "A alegria estética", explica um especialista, "arrebata-nos deste mundo porque tem a virtude de descobrir outro, iniciando-nos em uma forma de existência mais nobre, mais exultante, mais serena, à qual aspiramos inconscientemente".[13]

Platão explica que as coisas deste mundo só podem ser um reflexo e uma participação do ideal. Quando

---

12 V. Frankl, *El hombre en busca de sentido*. Barcelona: Herder, 1986/7, p. 48.

13 J. Plazaola, op. cit., p. 314.

vislumbramos o ideal, nos apaixonamos e tendemos a nos elevar ao mundo das ideias. Trata-se do Eros platônico, que, longe do significado fisiológico que pode ter hoje, significa o amor ideal e puro, que faz crescer as asas da alma e a incendeia com o desejo de voar em direção ao ideal de beleza e perfeição.[14] Valle Inclán diz: "A beleza é a intuição da unidade e seus caminhos, os caminhos místicos de Deus".[15]

3. Os gêneros de beleza

A beleza se manifesta para nós de várias formas, que se combinam entre si. Vale a pena parar por um momento para descrever os quatro tipos fundamentais:

a) A beleza como resplendor da verdade

A verdade é bela; tem um resplendor que suscita a experiência estética. Mas isso não acontece com qualquer verdade, e sim com as grandes verdades, as cosmovisões, as teorias fundamentais. Os momentos em que captamos as sínteses são vivenciados com um gozo semelhante ao da experiência estética. A inteligência fica como que extasiada com a grandeza do que capta. Na medida em que não forçamos as coisas, mas nos abrimos a elas e as descobrimos, a verdade se manifesta para nós como beleza.

14 É assim que Platão se expressa em uma famosa passagem do *Fedro*.

15 R. Valle Inclán, "El anillo de Giges", em *La lámpara maravillosa*. Madri: Espasa Calpe, 1960, pp. 19–38, também incluído na seleção de F. Delclaux, *El silencio creador*. Madri: Rialp, 1969, p. 133.

A palavra "teoria" vem precisamente do grego *theorein*, que significa "contemplar". Aquelas grandes sínteses que podemos contemplar são fontes de beleza. Tanto as visões filosóficas de mundo quanto as grandes teorias científicas mostram-se fascinantes quando descobertas, especialmente se tivermos procurado por elas e lutado para alcançá-las. Os matemáticos costumam dizer que quanto mais simples for uma teoria, mais bela ela será — quando puder abranger mais com menos, quando encerrar muito numa esplêndida simplicidade.

b) A beleza moral

Trata-se da beleza interior das ações e sentimentos humanos. Achamos belos o amor e o heroísmo e ficamos comovidos com gestos autênticos de ternura, de compaixão, de simpatia humana, de companheirismo verdadeiro, solidariedade e amor entre cônjuges, pais e filhos. Todas as ações que refletem a profundidade do coração humano nos comovem e nos parecem maravilhosas, talvez porque todos aspiremos a amar e ser amados dessa maneira.

Também ficamos comovidos com os gestos heroicos que ocorrem sempre que alguém está disposto a se sacrificar, a sacrificar os próprios gostos e interesses em prol de um ideal. Essas são ações que nos parecem nobres, que nos enchem de admiração e respeito por quem as pratica, que nos convidam à imitação, que nos fazem sentir bem em relação à raça humana. Também nos dão vislumbres de transcendência, porque projetam a imagem — mais ou menos difusa: apenas um vislumbre — do homem ideal, da realização do ser humano.

Por fim, achamos belas as qualidades morais que se harmonizam com a condição da pessoa. Julgamos belas a alegria e a inocência das crianças, o entusiasmo e o vigor dos jovens, a força de vontade e a capacidade dos maduros, a serenidade e a prudência dos idosos...

c) A beleza natural

Esta é a beleza da natureza: espontânea e independente do homem, inesgotável, sempre maravilhosa, sempre inexplicável. Um conhecido pensador alemão diz: "Naturalmente, é significativo que a natureza nos pareça bela. Beira o miraculoso (...) a experiência humana de que a beleza floresça no poder gerador da natureza, como se a natureza estivesse exibindo suas belezas para nós".[16] Somos espectadores privilegiados dessa beleza. Sem os seres humanos na Terra, esse sentimento de admiração não existiria.

Na natureza há a beleza espetacular das grandes paisagens: horizontes, céus, florestas, mares, montanhas, abismos, penhascos; o firmamento que podemos contemplar com um telescópio... Ela nos transmite sensações de glória, de poder e de infinito. Ficamos maravilhados com as proporções gigantescas, as profundezas sem fim, os horizontes abertos, a força dos mares, o fragor das florestas, a multidão de estrelas ou a imensidão do céu.

---

16 H. Gadamer, *La actualidad de lo bello*. Barcelona: Paidós, 1991, p. 81.

Todavia, também admiramos espécimes notáveis que se destacam por seu tamanho ou movimento: a majestade de uma árvore, a estatura de um cavalo, a vitalidade vigorosa de uma pantera, a corrida de um guepardo ou de uma gazela, o voo aberto de uma águia, o nado assertivo de um tubarão; talvez vejamos neles qualidades que nós, humanos, desejamos — acima de tudo, uma plenitude de vida, potência e domínio exercidos com serenidade. Com efeito, não admiramos todas as corridas ou todos os voos, mas apenas aqueles que nos parecem cheios de perfeição, serenidade, maestria ou força: ficamos maravilhados com o voo da águia, mas não com o da galinha.

E também encontramos beleza na incrível ordem que se manifesta em todos os níveis do universo: no macrocosmo, no microcosmo e nos misteriosos fenômenos da vida. Todos esses fenômenos, com sua surpreendente regularidade, com sua concentração de elementos, com seus ritmos desconhecidos e com sua serena complexidade, nos assombram.

De igual maneira, encontramos beleza nos menores detalhes naturais: refúgios encantadores nos bosques, aglomerados de vegetação, os belos reflexos de pedras preciosas, as formas das plantas, as cores das flores e dos animais. São harmonias de pequenos detalhes. Em alguns casos, o assombro vem da percepção da potência; em outros, da quantidade; em outros, da complexidade; em outros, dos sentimentos de paz que provocam em nós.

E, é claro, vemos beleza no corpo humano quando é jovem e está em sua plenitude, quando saiu da infância e antes que os traços de desgaste apareçam. A sexualidade também desempenha um papel na percepção e na apreciação dessa beleza, mas o campo da beleza corporal é muito mais amplo. O corpo humano tem uma beleza única: em suas formas e proporções, em seu movimento equilibrado... Embora estejamos tão acostumados a ele, é uma verdadeira maravilha dinâmica. O corpo, em suas ações, é cheio de expressividade: pode mostrar domínio e controle, força e delicadeza, ternura e decisão. Todos os movimentos, atitudes e gestos podem ser executados com perfeição, vigor e charme, embora isso não seja apenas beleza natural, mas também arte. Pode-se constatar isso no esporte, no balé, mas também na majestade de uma cerimônia.

d) A beleza artificial: as obras de arte

Esse é o quarto tipo de beleza: aquela que o homem cria com sua imaginação e seu trabalho. O homem tem a capacidade de criar, de fazer coisas novas; tem a capacidade de fazer beleza, colocando no que faz a perfeição, a maestria e a ordem da inteligência. Tudo pode ter um toque de beleza. Pode haver beleza no esporte, na dança, na construção de rodovias ou no *design* de carros. Esse é o campo das artes.

Podemos identificar três tipos principais:

- As *belas artes*, em que se distinguem aquelas que são puramente estéticas, como as artes plásticas (pintura, escultura, arquitetura) e a música, e aquelas que podem ter um enredo ou argumento, como o cinema e a literatura (poesia, teatro, romance). Essa distinção é útil, mas não perfeita, dado que não inclui a fotografia (que pode ou não ter "argumento"); que haver poesia e cinema sem "argumento"; e que há híbridos entre música e teatro (ópera, zarzuela, oratório etc.). A beleza moral também intervém na beleza das artes argumentativas, uma vez que "sentimentos humanos" e gestos de heroísmo e abnegação (ou seus opostos) figuram nos argumentos.

- As *artes menores*, sobretudo as ornamentais: o artesanato nos seus infinitos ramos, segundo os materiais e as artes: marcenaria, marchetaria, forja, fundição, cerâmica, esmaltação, bordados, estampagem; decoração; vestuário e moda; jardinagem...
- A beleza das *ações humanas*: cerimônias (festivais, ritos, protocolos, liturgia), espetáculos, esportes e danças. Pode haver arte em todos eles. Não se trata de ações espontâneas, mas de frutos da criatividade do homem. O que agrada é o aspecto estético, que foi criado, pensado e treinado para sair de determinada maneira. Uma dança ou uma cerimônia é, em certo sentido, uma obra de arte, mesmo que não seja um objeto; uma peça de teatro ou uma ópera também não é um objeto, mas uma obra artística. E o mesmo pode ser dito de muitos cenários desportivos que são sentidos pelos adeptos como verdadeiras manifestações de arte, ou seja, de harmonia, perfeição, simplicidade e inteligência.

4. O valor da obra de arte

Vamos nos deter brevemente no quarto tipo de beleza, que é a beleza criada pelo homem. Queremos pensar um pouco sobre o valor das obras de arte, a fim de termos mais critérios para julgar. Como dissemos no início, neste tema há muitos critérios concorrentes e muitas interferências, por isso é necessário refletir sobre as fontes do valor de uma obra de arte. Afinal, a obra de arte não é feita apenas de estética, mas também de outros valores.

No valor de qualquer obra de arte, seja uma pintura, uma coreografia ou um filme, pelo menos três elementos intervêm e se combinam: 1) o técnico, 2) o estético e 3) o representativo, que é o valor simbólico ou emocional.

1) O valor técnico

Em geral, as obras de arte são o resultado de determinada técnica e exigem um domínio teórico e prático dos elementos envolvidos. Cada arte tem um arcabouço de conhecimentos e habilidades técnicas que constituem um legado enriquecido pelas descobertas dos grandes mestres que dominaram essa arte.

Para produzir uma obra de arte, é preciso dominá-los com perfeição. É preciso aprendê-los ao vivo, e são transmitidos de pessoa para pessoa. Na pintura, por exemplo, é preciso aprender como preparar as cores, como fixá-las, como combiná-las; como preparar a tela; como usar cada tipo de pincel; como escurecer e como clarear; como obter certo brilho e como destacar um perfil; como pintar uma orelha, uma sombra e o mar; como obter o frescor de uma pele e a transparência de um ar sereno...

Acredite ou não, não se aprende isso olhando para as orelhas, o mar ou o ar, mas observando o que outros pintores fizeram. Em toda arte, aprende-se copiando. É preciso observar o que os mestres, vivos e mortos, fizeram antes de tentar criar algo próprio. Caso contrário, os resultados se restringirão a trabalhos ingênuos e amadores. Somente quando tiver estudado minuciosamente o que os outros fizeram, o artista estará em condições de voar por conta própria.

Quando todo esse conhecimento técnico — e geralmente há uma grande quantidade dele — é reunido e dominado, atinge-se a maestria e o artista se vê em condições de criar uma obra de arte. Mas a técnica não é suficiente e a cópia não é suficiente. É preciso algo mais: é preciso gênio. E isso não se aprende: surge. Trata-se de um tipo de paixão que é, sem dúvida, a parte mais misteriosa e imprevisível do trabalho artístico. Não é possível senão colocar-se em condições para que surja, porque é óbvio que o gênio é impossível sem técnica, sem preparação, sem estudo. O gênio precisa primeiro de aprendizado: só depois — no contato com os mestres e suas obras, no desejo de imitá-los, nos desafios que as obras representam, no entusiasmo da tarefa e nas exigências impostas pelo próprio trabalho, quando realizado com dedicação — é que desperta como uma força vigorosa. Os artistas (pintores, tenores, dançarinos, decoradores...) fazem coisas que poucas pessoas podem fazer. São homens capazes de concentrar sua técnica e de executar o que não pode ser alcançado com receitas.

As obras de arte geralmente têm um grau muito alto de perfeição técnica. Elas atingem um nível muito especial de pulcritude. Emprega-se uma enorme quantidade de conhecimento e energia em sua criação, que por fim se condensa num efeito acabado e harmonioso, geralmente após muitas tentativas, testes e sacrifícios. Em toda obra de arte há grande concentração de poder. Com efeito, tudo tem de estar em seu lugar, em seu ponto, em seu momento, e isso de forma natural, sem parecer forçado. E essa naturalidade final, essa serenidade, esse equilíbrio, essa "facilidade difícil", que é o sinal da maestria, é extremamente árdua. Há algo de milagroso, de excepcional, de incrível nas obras de arte. É por isso que, até certo ponto, elas têm o valor de algo único. Ao mesmo tempo, não há nada de forçado ou tenso nelas. São serenas, realizadas, acabadas. O valor de uma obra de arte (mas também de uma dança ou de uma apresentação de violino) não está principalmente em sua dificuldade, como no circo, mas em sua perfeição, em sua maestria e harmonia.

A arte sempre vai além da técnica, mas a técnica é a base. O mito da arte espontânea é uma frivolidade inventada, talvez, para *épater le bourgeois*, para provocar a admiração dos simples. A natureza é espontaneamente bela, mas a arte humana não. No homem, o espontâneo (com exceção da digestão e de outras funções naturais) é desleixado e imperfeito. Sem dominar as técnicas, nada pode sair bom. Só muito às vezes é que um efeito estético surge por acaso. Sem esforço técnico, sem maestria, sem domínio, fazem-se apenas coisas comuns e vulgares. E a vulgaridade nunca é bela; a beleza exige um alto grau de perfeição, mesmo que seu tema seja o vulgar. Somente os artistas que dominam as técnicas podem se permitir o gesto brilhante e criativo de dispensá-las ou modificá-las. Mas aquele que quer começar por aí não faz nada.

As obras de arte são um desafio. O artista tem de triunfar sobre muitos fatores condicionantes que dificultam o trabalho. Até muito recentemente, a arte vivia do mecenato; era preciso satisfazer o gosto do mecenas e, ao mesmo tempo, fazer algo que ia muito além, um prodígio técnico que, de uma só vez, estivesse em conformidade e superasse as regras que regiam o campo artístico em questão. Um grande historiador da arte como E. Gombrich, falando sobre a beleza, diz que "a maioria dos artistas não pensava nisso. Os edifícios eram feitos para um propósito específico".[17]

No decorrer deste século, quase todos os condicionamentos tradicionais caíram por terra. A arte ganhou muita liberdade, mas também ficou sem desafios, e por conseguinte às vezes carece de força, concentração, técnica e maestria. Muitos artistas parecem ter cometido o erro de desprezar o público em vez de servi-lo (talvez tenham se contentado com os críticos de arte). Vivemos em uma época de experimentação, mas muitas vezes sem técnica e sem referências. As artes plásticas se afastaram da figuração e da imitação e introduziram novos

---

17 E. Gombrich, *Historia del arte*. Madri: Alianza, 1992, p. 19.

materiais (colagens etc.); a música abandonou a escala e os instrumentos musicais tradicionais (e criou suplícios insuportáveis); o teatro... No final do século XX, temos um equilíbrio bastante ambíguo: grande parte da obra produzida sem condicionamentos é terrivelmente fraca, enquanto outros trabalhos que nasceram marginalmente desprezados têm valores técnicos e estéticos óbvios. Basta pensar, por exemplo, em uma "história em quadrinhos" como Tintim, que traz consigo uma revolução no uso de "cores planas"; ou na música que foi criada para o cinema (a fim de acompanhar os "sentimentos" e agradar ao público), onde há provavelmente a melhor música sinfônica da segunda metade do século xx. Sem mencionar o enorme campo do *design* industrial: de motocicletas e carros a objetos esportivos e roupas.

2) O valor estético

Isso é muito difícil de avaliar, pois depende de fatores imponderáveis. Em primeiro lugar, o próprio artista:

> Nunca se pode saber de antemão quais efeitos o artista deseja alcançar. Ele pode até se permitir uma nota aguda ou dissonante se perceber que é a certa. Como não há regras fixas que nos digam quando uma pintura ou uma escultura está certa, geralmente é impossível explicar em palavras exatamente por que achamos que estamos diante de uma obra-prima.[18]

18 E. Gombrich, ibidem, p. 17.

O artista não tem plena consciência do que está fazendo, porque a verdadeira criação artística é um "diálogo" com a obra produzida. O artista, além do que quer fazer no início, orienta-se pelas exigências que lhe são impostas pelo trabalho a sair de suas mãos. Essa é uma característica dos processos criativos: eles vão além do mero acúmulo de técnicas e regras. Diz E. Gombrich:

> É fascinante observar um artista lutando dessa forma para alcançar o equilíbrio certo; mas, se lhe perguntarmos por que fez tal coisa ou suprimiu aquela outra, não saberia nos responder. Não seguiu nenhuma regra fixa. Simplesmente intuía o que tinha de fazer. É verdade que alguns artistas, ou alguns críticos de certos períodos, tentaram formular as leis de sua arte. No entanto, inevitavelmente acontece que os artistas medíocres não conseguem nada quando tentam aplicar tais leis, enquanto os grandes mestres passam sem elas e, ainda assim, conseguem uma harmonia nova e até então inimaginável.[19]

É por isso que é impossível, por parte do artista, estabelecer critérios para avaliar a obra de arte. O mesmo vale para o apreciador. Já dissemos que o que é próprio da experiência estética é o "eu gosto". E lograr uma medida "objetiva" da intensidade do gosto e de seus motivos é impossível. Não se pode analisar bem por que determinada pessoa gosta, por exemplo, de uma melodia. Muitas vezes ela mesma não sabe ou não consegue explicar. A relação entre a obra de arte e o observador é privada: ocorre na intimidade. Podemos apenas constatar que uma obra de arte é apreciada ou

19 E. Gombrich, ibidem, p. 16.

não, apreciada muito ou pouco, apreciada por muitos ou apreciada por poucos.

O efeito estético parece afetar os três níveis de consciência: primeiro, a sensibilidade, que é quase subconsciente; depois, o mundo das emoções; e, em terceiro lugar, o mundo intelectual das intuições e associações reflexivas.

Há efeitos estéticos que atuam no nível básico da sensibilidade, sem suscitar reflexão, ou exigindo apenas uma vaga consciência. É o caso das combinações de cores ou formas, bem como da sensação de harmonia e plenitude provocada pela admiração de paisagens naturais: gostamos delas e não sabemos, nem podemos analisar, o porquê. Em outros casos, elas afetam diretamente o mundo das emoções. Isso é particularmente verdadeiro no caso da música. Entretanto, não se pode reduzir a música, nem qualquer uma das belas artes, a um único efeito estético. A música não só "mexe com os sentimentos", mas também desperta imagens, considerações, lembranças, associações, e tudo isso faz parte da experiência estética.

Depois, há a camada intelectual. A obra de arte tem uma capacidade evocativa. Essa é sua característica mais marcante. Ela mexe com o interior do homem por meio de uma rede de analogias vagas. Toda obra de arte tem o caráter de um signo: significa outras coisas, expressa algo, às vezes de forma nebulosa. A expressão da arte é um assunto muito difícil. Por um lado, depende do que o artista queria fazer e do que conseguiu. Por outro, o artista coloca em suas obras muitas referências históricas ou ambientais das quais não tem consciência: qualquer pintura de Velázquez, por exemplo, evoca o século de ouro espanhol, com características nas quais Velázquez talvez nunca tenha pensado.

Além disso, há o papel do apreciador. Por meio dessas curiosas malhas de evocações, o observador encontra em algum aspecto da obra de arte uma ressonância especial que, na realidade, não fora buscada pelo artista; mas, para o observador, por razões pessoais, aquilo desperta relações com memórias, experiências, aspirações, preocupações... O homem, exatamente porque criativo, é um ser capaz de dar significado àquilo que cria e também de encontrá-lo onde talvez ninguém teve a intenção de o colocar. O artista é criativo quando concebe e executa sua obra, e o espectador é criativo quando a contempla. Dessa forma cria-se um espaço de jogo ou, como diz o professor López Quintás, uma esfera de relacionamento. O admirador ou espectador dialoga com a obra de arte, independentemente do artista. A única coisa certa é que uma boa obra de arte é aquela que consegue criar uma densa rede de evocações ao seu redor.

3) O valor representativo

Como se mencionou, as obras de arte podem ter um valor representativo ou simbólico. Para além de seu valor técnico ou estético, estão repletas de evocações culturais e históricas. Uma obra de arte é um artista, um lugar, um tema e uma época, e tudo isso é muito expressivo e enche nosso olhar de apreciação. Olhamos uma pintura com outros olhos quando sabemos que é de uma grande personalidade. Pode ser imperfeita — por exemplo, uma obra dos primórdios —, mas isso nos comunica ainda mais. As obras de arte adquirem o valor de símbolo de uma época, um lugar, uma cultura. A Pedra do Sol do Museu Nacional do México, o busto de Nefertiti no Museu Egípcio em Berlim, a Dama de Elche na Espanha, a Vitória de Samotrácia do Louvre, o Pensador de Rodin, os Arlequins de Picasso, a Nona Sinfonia de Beethoven estão todos carregados de significação, e por diferentes razões.

Esse valor não está propriamente na obra de arte, mas é investido pela cultura. Os colares de ouro etruscos da coleção do Museu Etrusco de Roma têm uma beleza especial porque também levamos em conta seu poder de evocar uma era heroica e sua dificuldade técnica; eles são esteticamente bonitos, mas também um prodígio para sua época. Por outro lado, nós os consideraríamos uma obra medíocre se soubéssemos que foram feitos por um ourives moderno. Não lhe perdoaríamos suas falhas. Achamos as obras dos italianos primitivos encantadoras, e elas têm um valor intrínseco; todavia, há também o fato de que foram as primeiras, de que com meios técnicos muito menores conseguiram efeitos tão belos. Por outro lado, não acharíamos tão significativo ver um artista moderno imitando-as, sem levar em conta os grandes desenvolvimentos que se seguiram. Esse é o valor simbólico e representativo de uma obra de arte.

5. A educação da sensibilidade

O "eu gosto" é a base de tudo e não pode ser substituído por nenhuma outra consideração. Na educação estética, parte-se do "eu gosto" e chega-se ao "eu gosto". E não importa muito o que ocorre aos outros. É sintoma de credulidade e falta de personalidade fingir a própria admiração só porque "os outros" dizem que algo é muito bom. Não devemos nos deixar tiranizar por conhecedores e especialistas que, às vezes, fazem julgamentos sem a menor consideração pelo público ou segundo critérios que lhes são estranhos, modas ou movimentos comerciais. O primeiro passo para educar nosso gosto é a sinceridade: devemos ter certeza do que gostamos. E ser claros.

Mas o gosto pode ser educado, pode ser refinado e pode crescer. Temos de desenvolver a capacidade de captar a beleza sem forçar nosso gosto. Temos de gostar de verdade. É necessário educar nossos sentimentos para que tenham mais facilidade em sintonizar-se com as coisas belas.

Quatro conselhos podem ser úteis para desenvolver a sensibilidade estética:

a) Conviver com o que é bom.
b) Aprimorar a cultura artística.
c) Escolher com liberdade e selecionar.
d) Frequentar.

a) Conviver com o que é bom

Como disse Gracián, "os gostos se adquirem". É conveniente demonstrar interesse pelas obras de arte que já estão consagradas. Mas, como já repetimos, não é necessário forçar o gosto.

Além disso, em quase todas as artes é necessária certa iniciação. Temos de ter paciência até nos acostumarmos com seu modo de ser. A música clássica, por exemplo, precisa de iniciação para ser apreciada. No início pode ser mais difícil. É por isso que, quando se tem a oportunidade, deve-se perguntar qual artista é mais fácil e mais agradável. Não há motivo para transformar isso em uma provação. Antes, deve se tratar de uma alegria e um descanso. No caso da música clássica, sabe-se que começar por Tchaikovski é mais fácil, devido à beleza e ao brilho de suas obras sinfônicas.

b) Aprimorar a cultura artística

A experiência estética em si não depende do que sabemos. Mas o que podemos saber sobre o contexto histórico e as técnicas da arte nos ajuda a valorizar a obra. Por esse motivo, pode ser útil ler um pouco de história da arte. Há livros excelentes. Entretanto, não devemos nos esquecer de que a experiência estética propriamente dita consiste na contemplação do todo, e não no recorte analítico.

Nesse sentido, pode ser enganoso o trabalho bem-intencionado que os guias de museu às vezes fazem. Para entreter o público e tornar sua visita mais suportável, eles contam anedotas históricas de autenticidade duvidosa e chamam a atenção do público para detalhes pitorescos que talvez levassem o artista ao desespero. Qualquer coisa que concentre a atenção em minúcias não tem nada a ver com a contemplação da arte. A contemplação sempre exige que encaremos a obra inteira, exatamente como ela é.

Também devemos ter cuidado com os comentários dos críticos que podemos encontrar nos catálogos das exposições ou nos artigos semanais de um jornal de domingo. A arte é um terreno muito subjetivo e se alimenta da política cultural. Há uma técnica para falar sobre coisas artísticas que nada mais é do que um discurso vazio, sem qualquer substância. Não devemos nos esquecer da enorme dificuldade que é expressar o estético. Quando alguém se sente em posição de falar demais sobre o que um autor quis expressar ou o que uma obra contém, é sinal de que está dizendo além do que se pode dizer com honestidade. Comentários breves e criteriosos sobre o contexto histórico, dados biográficos ou referências à técnica artística são bem-vindos. O que vem depois disso geralmente é incerto, sobretudo se tentarmos penetrar na "psicologia profunda" do autor...

Em suas famosas *Cartas a um jovem poeta*, Rilke aconselhou:

> Leia o mínimo possível de críticas estéticas: ou são opiniões partidárias, petrificadas e esvaziadas de significado em seu endurecimento contra a vida, ou são jogos de palavras inteligentes, nos quais é apresentada hoje uma opinião e, amanhã, a oposta. As obras de arte são de uma solidão infinita, e nada se aproxima menos delas do que a crítica. Somente o amor pode compreendê-las

> e retê-las, e somente o amor pode ter razão em relação a elas.[20]

A análise pode ser um momento na experiência estética, mas o central é a síntese, a contemplação e o "é bonito, eu gosto disso" que desponta.

c) Escolher livremente e selecionar

É lógico que, à medida que vamos conhecendo as obras de arte, há algumas que nos chamam mais a atenção e outras menos. Isso não deve nos preocupar. Significa que temos gostos pessoais. É aqui também que nossa liberdade se manifesta. Não precisamos gostar do que todo mundo gosta, muito menos do que é imposto pela moda artística, que geralmente é fictícia e efêmera.

A oferta artística é tão grande que não podemos nos interessar por tudo. Temos de selecionar, temos de nos especializar, temos de escolher. Podemos ter preferências tanto nas artes que cultivamos quanto nos períodos ou artistas que mais nos interessam. Isso torna mais fácil conhecê-los melhor.

d) Frequentar

Uma característica das coisas boas é que elas não cansam. Pelo contrário: criam afeição. Esse é o caso das grandes obras da música, da pintura, da arquitetura,

20 R. M. Rilke, *Cartas a un joven poeta*. Madri: Alianza, 1990 (6. ed.), p. 39.

das artes como um todo. O bom gosto que uma obra de arte nos deixou aumenta quando a vemos novamente. Quando gostamos de uma obra de arte, precisamos contemplá-la de novo. E é melhor ver a mesma obra muitas vezes do que ver muitas obras ou ver a mesma obra por muito tempo.

Quando entramos em um museu pela primeira vez, podemos fazer um *tour* geral para localizar o que nos interessa. Mas é absurdo impor-se a obrigação de ver tudo de forma sistemática e com a mesma intensidade. Isso só nos daria uma impressão confusa das obras. Na primeira vez, uma olhada geral e um breve descanso em algumas obras que chamaram nossa atenção são suficientes. Na próxima vez que a virmos, talvez tenhamos mais contexto e a apreciemos mais. Essas "amizades" criadas em museus são desfrutadas ao longo da vida e aprimoram o gosto. "Há em Salamanca", lembra Unamuno,

> uma bela *Concepción* de Ribera, e eu a vi tantas vezes, e com tanta calma a cada vez, que a sei de cor e tirei quase todos os frutos que pude dela. Por outro lado, me lembro de minha passagem pela direção de uma das mais ricas galerias de quadros da Itália, da qual não preservei nenhuma imagem precisa e clara.[21]

O ideal humano não é o do esteta, que vive na caça indiscriminada de experiências de beleza, acumulando--as sem ordem em sua vida. Mas não seria plenamente humano quem não sabe vibrar e se emocionar com as

21 M. de Unamuno, *La dignidad humana*. Madri: Espasa Calpe, 1962 (5. ed.), p. 109.

coisas belas: quem não aprecia o esplendor de uma paisagem e a força expressiva de um bom retrato, a doçura de uma melodia e a delicadeza de um passo de balé, o eco vibrante da palavra poética e o vigor plástico de um evento esportivo. As coisas belas existem para ser admiradas e amadas — e elas exigem essa resposta de nós. Isso faz parte do que é a humanidade e as ciências humanas. "Três coisas fazem um prodígio" — diz Gracián: "Engenho fecundo, juízo profundo e gosto relevante".[22] E um antigo provérbio estético diz: *Vel strangulari pulchro de ligno iuvat*", isto é: "Até para ser enforcado, ajuda que a árvore seja bela". Sempre que possível, beleza em tudo. Essa é a opção pela beleza. Não pelo sibaritismo, mas pela ordem, harmonia, perfeição e maestria.

22 B. Gracián, "Oráculo manual y arte de prudencia", em *Obras completas*. Madri: Aguilar, 1960, 298.

4
Estilo e elegância

1. O elegante e o cafona

A arte da vida humana consiste em fazer brilhar o intelecto em tudo o que fazemos. Ser um cavalheiro, diz Newman, é "ter um intelecto devidamente cultivado, possuir um gosto delicado, uma maneira correta e desapaixonada, comportar-se nobre e cortesmente no convívio social".[1] Neste capítulo, trataremos da elegância e do estilo, deixando para outros o que se refere à honestidade e ao bom trato com os demais.

Chama-se elegância o tom que a inteligência dá às ações do corpo e ao comportamento humano: no modo de andar e na postura, no modo de falar, de se vestir, de comer e de espirrar. É arte porque houve um trabalho deliberado do intelecto, que cria um modo de agir. A elegância é "uma manifestação da maneira propriamente humana de agir em todas as circunstâncias da vida, uma maneira de fazer que revela o domínio do espírito sobre o

1 H. Newman, "Idea de la Universidad, 5ª conferência sobre conhecimento liberal", em *Naturaleza y fin de la educacion universitaria*. Madri: Epesa, 1946, p. 187.

impulso".[2] Gracián diz: "Maestria no dizer e no agir. Ela ocupa lugar de destaque em todas as partes e conquista de antemão o respeito. Influencia tudo: a conversação, a oração, até mesmo o andar, o olhar e o querer".[3]

A elegância é a estética externa da vida humana, assim como a moral é a interna. Há um ideal moral interno do homem, que consiste em viver de acordo com sua consciência. E há também um ideal estético externo, que consiste em dominar o que se faz com a inteligência.

Com exceção dos faquires da Índia, nós, meros mortais, não controlamos com o intelecto nossa digestão, nossos batimentos cardíacos e, em geral, nossas funções biológicas. Mas muitas outras áreas de nosso comportamento externo estão sob nosso controle: aprendemos a andar, a nos sentar em uma cadeira, a comer a uma mesa, a assoar o nariz... E isso pode ser feito de forma controlada ou inteligente. É preciso aprender: não é espontâneo.

Achamos linda a maneira como um leão ataca e mata uma gazela para comê-la, mas acharíamos angustiante ver um homem fazer isso da mesma forma, dilacerando a carne com os dentes e babando sangue. Neste caso, a força selvagem e a espontaneidade nos causariam repulsa. Por mais ecológicos e naturais que queiramos ser, não comeremos a carne da mesma forma como o leão come. Ser inteligente faz parte de nossa natureza e ecologia. É preciso aprendê-lo.

---

2 J. A Íñiguez, *Verdad y belleza*. Madri: Rialp, 1975, pp. 128–129.

3 *Oráculo manual y arte de prudencia*, 122.

Os homens fazem com arte — eficiência, sensibilidade e beleza — o que os animais fazem instintivamente. Azorín disse que "a elegância é a força contida", uma combinação de poder e domínio inteligente. A arte é a inteligência transformada em cultura. E isso afeta tanto as grandes ações — construir edifícios, fazer leis — quanto as pequenas e triviais, como comer.

> Há uma maneira elegante de vestir um terno, de segurar uma caneta entre os dedos para escrever, de manusear talheres para comer (...); são maneiras de fazer as coisas que exigem, não se pode negar, um aprendizado, o conhecimento de uma técnica, mesmo que seja muito simples.[4]

Há uma maneira humana de fazer as coisas, e ela está tão intimamente ligada à dignidade humana que não podemos ignorá-la sem nos rebaixarmos. Viktor Frankl lembra que os guardas — e o próprio sistema do campo de concentração — tentaram destruir exatamente esse senso de dignidade, fazendo com que os detentos se depreciassem e se destruíssem como homens. É por isso que até mesmo os poucos detalhes de asseio e limpeza com os quais conseguiam conviver e a maneira como se comportavam eram tão importantes. Quando um homem não sabia como preservar esses detalhes da dignidade humana, entrava em colapso e se tornava um fantasma, ou então morria em desespero.[5]

Em todas as culturas desenvolvidas, há maneiras elegantes e refinadas de se comportar que representam um

---

4 J. A. Íñiguez, *Verdad y belleza*. Madri: Rialp, 1975, p. 145.

5 V. Frankl, *El hombre en busca de sentido*. Barcelona: Herder, 1986/7, p. 76.

esforço cultural de séculos. Essas tradições constituíam a parte mais importante da educação e, portanto, distinguiam os homens cultos. Ainda hoje, dizer que uma pessoa é "educada" não significa que ela tenha muitos conhecimentos, mas que pratica as formas de cortesia e "boas maneiras" típicas da cultura: sabe cumprimentar e comer e sabe se comportar em público. Essa é a diferença entre a instrução — a transmissão de conhecimento — e a educação — a transmissão de hábitos de comportamento humano.

As "formas" ou maneiras elegantes de se comportar sempre serviram para distinguir as elites. É por isso que, às vezes, foram usadas para marcar distâncias ou pelo simples prazer de sentir-se acima dos outros. Isso é pedantismo e explica a suspeita que as pessoas que não acreditam ter recebido uma educação cuidadosa podem sentir em relação a essas formas — e à própria palavra "elegância". Isto, porém, não passa de um mal-entendido. O comportamento excêntrico ou ridículo não interessa. O que interessa é a experiência da beleza e a arte da ação humana que foi depositada na "boa educação", uma vez que se trata de um valor humano e artístico como o de qualquer outro gênero de arte.

Todas as coisas boas têm um meio-termo. Isso é muito importante na mentalidade humanista. O centro é excelente e os extremos são defeituosos. A excelência da elegância humana é um meio-termo entre o cafona e o rude, o afetado e o vulgar, o pedante e o grosseiro. Queremos o brilho da ordem da razão em todas as condutas, e não a estupidez de usar as regras de boas maneiras para sentir-se superior aos demais.

A cafonice ou afetação é o defeito daqueles que exageram em suas maneiras para se distinguir ou chamar a atenção. Isso desvirtua completamente o significado de elegância e, portanto, é repulsivo. A elegância, justamente por ser um testemunho da ordem da inteligência, deve ser sempre natural, não exagerada. Não pode ser falsa ou forçada. Não pode ser meramente externa, como um verniz de três ou quatro poses e formas. É preciso que venha de dentro de uma forma natural, ainda que tenha sido fruto de uma educação, de um aprendizado. Escreve Álvaro d'Ors:

> Um estudante universitário não pode ser um homem vulgar. Isso não significa que deva ser excêntrico, nem que deva estar sempre em busca de uma originalidade irritante, mas que deve ser mestre de si mesmo a ponto de manter um estilo de elegante naturalidade.[6]

No outro extremo da cafonice temos a grosseira, a banalidade, a vulgaridade, a rudeza ou mau gosto. As palavras em si são muito expressivas. "Grosseiro" é o que não é fino, o que é bruto, rude, tosco. Uma pessoa grosseira é aquela que tem a pele grossa; aquela que está acostumada a tratar as pessoas e as coisas sem delicadeza. Também tende a maltratar a linguagem (palavrões, blasfêmias etc.). Seu mundo é composto de coisas elementares e "baixas": comer, beber, divertir-se e ganhar dinheiro — tudo o mais lhe parece absurdo e sem sentido. E, é claro, ela sequer consegue sentir o odor das realidades mais refinadas do espírito: contemplação, arte, poesia... O grosseiro tem a

---

6 A. d'Ors, *Cartas a un joven estudiante*. Pamplona: Eunsa, 1991, p. 105.

vaga ideia de que elas existem porque outras pessoas falam delas, mas não tem a mais remota ideia do que possam ser. E não se importa, pois as considera tolices.

"Ordinário" é um qualificativo semelhante. A palavra se refere ao que é comum e, em um sentido pejorativo, ao que não tem valor porque todo mundo faz, ao que é feito de qualquer jeito, com descuido e negligência, sem interesse, de forma feia ou suja. Opõe-se à distinção, que é a qualidade que as coisas e ações têm quando estão acima da média, quando se destacam por seu "bom gosto", por serem feitas com atenção aos detalhes e cuidado com as formas. A palavra "vulgar" vem de "vulgo", que se refere à gente baixa e sem educação. Opõe-se ao seleto, escolhido, cultivado e educado, que é próprio da elite. Nos países onde a cultura brilhou, houve um refinamento na educação que fez com que as elites fossem educadas com maior cuidado.

Costuma-se falar em *finesse d'esprit* (fineza de espírito, na famosa expressão de Pascal) para se referir à sensibilidade que se adquire quando se tem um espírito cultivado. A *finesse d'esprit* tem sua expressão máxima na capacidade de valorizar os detalhes na atenção aos outros. Teremos a oportunidade de ver isso. Mas ela também se estende ao comportamento, ao vestuário e ao asseio pessoal.

A fineza de espírito e a distinção exigem esforço. Afinal, estão no topo, enquanto a grosseria, a vulgaridade e o ordinário situam-se em um declive. Basta abandonar-se, ser suficientemente largado e negligente, para acabar atolado na lama:

> A coisa mais comum em uma vida sem ideais é a feiura. Os seres humanos não têm a graciosa naturalidade com que outros animais expressam seus instintos. O bom gosto não é congênito. Tampouco é estável. Tudo o que depende de uma vontade constante de escolher o bem, como a moralidade, a política ou o prazer, tende, por natureza, a se degradar. Se não for sustentado por uma combinação inteligente de renúncias afetos seletivos, uma espécie de entropia estética rebaixa o gosto até o ponto de ele se afeiçoar ao repugnante.[7]

"Em nada vulgar",[8] dizia Gracián. E com isso expressou quase tudo o que queria dizer. A vida humana, para ser conduzida de acordo com sua dignidade, requer uma tensão em direção a comportamentos ideais, os quais são ao mesmo tempo estéticos e morais. É possível distinguir um do outro, pois ser elegante não é o mesmo que ser honrado;[9] mas a perfeição humana requer ambos, e ambos se interpenetram. Como disse o ensaísta francês André Piettre: "Mais cedo ou mais tarde, a vulgaridade das maneiras torna o coração vulgar. Mãos sujas tornam tudo sujo".[10]

2. A atitude

A atitude é o que se reflete de nosso caráter na maneira como nos comportamos em relação aos outros.

---

7 Muito me agradou essa reflexão de Antonio García Trevijano em seu artigo "Obscenario televisivo", publicado no jornal *El Mundo*, 22.IX.93, 4.

8 B. Gracián, *Oráculo manual y arte de prudencia*, 28.

9 São muito interessantes a esse respeito as observações do Cardeal Newman a respeito da formação do cavalheiro inglês, em sua *Ideia da universidade,* 5ª palestra, sobre o conhecimento liberal.

10 A. Piettre, *Carta a los revolucionarios bienpensantes*. Madri: Rialp, 1972, p. 12.

Há maneiras de nos comportar que são elegantes e há maneiras de nos comportar que são feias. "Um *bel portarse*", escreveu Gracián, "é a preciosidade do viver".[11] O brilho da inteligência se manifesta, acima de tudo, no controle racional de si mesmo. Isso tem três manifestações importantes:

- *A serenidade*, que é o clima no qual a vida se desenvolve e se manifesta para o mundo exterior. Ela é alcançada quando se tem o controle da situação. Acima de tudo, trata-se de um requisito interno. Consiste em aprender a manter a calma, em resistir à pressão, à pressa, à raiva, em dar a si mesmo tempo para pensar sobre as coisas antes de fazê-las e colocar tudo em seu lugar e no momento certo. É preciso fazer funcionar esse espaço interior onde se acalma e avalia o que vem de fora. Isso dá um ar inequívoco de sensatez. Por outro lado, é desordem decidir habitualmente no improviso e viver aquém das coisas ou das exigências da vida.

- *A naturalidade*. Trata-se de viver sem teatralidade, sem a necessidade de adotar poses ou imitar o comportamento dos outros. É bom que nossas ações mostrem o que pensamos, quem somos, de onde viemos, do que gostamos. Isso é muito apreciado. É sempre desconfortável lidar com pessoas cujas almas não são visíveis. Se formos honestos, não teremos nada a esconder e não precisaremos nos

11 *Oráculo manual y arte de prudencia*, 14.

defender. Não há necessidade de fingir o que não somos ou de nos envergonhar do que somos. Entretanto, devemos evitar aquela naturalidade trivial, que consiste em dizer tudo o que vem à cabeça.

- *O controle dos sentimentos*. A elegância anda de mãos dadas com a capacidade de controlar nossos impulsos: fome, sono, cansaço, impaciência e emoções fortes, como os sentimentos de dor, alegria e, mais ainda, de raiva. Em nosso idioma, há um conjunto de expressões muito gráficas que indicam esse problema: perder as estribeiras, perder a compostura, estar fora de si ou fora de controle... Tudo isso indica pouco autodomínio e serve apenas para complicar as situações e torná-las sem sentido. O nervosismo e a impaciência são a fonte de muitas respostas raivosas e de muitos gestos desagradáveis e violentos. Às vezes, isso pode se originar de um estado de cansaço e nervosismo, e é aconselhável consultar um médico. Mas, muitas outras vezes, basta recorrer a um pouco de bom humor e não reclamar tanto. Se fizermos de tudo o fim do mundo, sempre encontraremos motivos para justificar nossas explosões.

Como um compêndio da perfeição humana, a sabedoria greco-romana dizia que é preciso ser *modestus in prosperis, fortis in adversis*: simples e modesto quando as coisas estão indo bem e forte quando as coisas estão indo mal. Sempre se considerou um excelente sinal de domínio lidar bem com os contratempos. Todos precisam aprender a suportar seu quinhão de inconvenientes desta vida sem reclamar demais ou sobrecarregar os outros. As pessoas que constantemente manifestam seus males são exasperantes.

O controle de si mesmo

Em espanhol existe um ditado que é um dístico ruim, mas uma observação sábia: "É na mesa e no jogo que se conhece o cavalheiro". O jogo é um âmbito muito particular no qual se deve demonstrar educação e controlar os nervos. Como a competição tende a gerar paixão, é fácil ficar encolerizado — e às vezes mais: gritos, insultos e até violência física. A elegância no jogo é chamada de "espírito esportivo". Vencer não está acima de tudo. Deve-se jogar com paixão, mas sem ira. Não há necessidade de converter um jogo ou esporte em outra coisa. Não há necessidade de ofender ou trapacear, e deve-se ter a elegância de saber perder.

A mesa também é, obviamente, um bom critério de educação. A fome e a sede são impulsos muito primários. São fortes, mas precisam ser controlados. Não importa quanta fome se tenha: não se pode atacar a comida. Tampouco deve-se fazer isso quando se apresenta uma ocasião propícia, como um bufê livre em um hotel ou em um banquete de casamento. É natural sentir fome em determinadas circunstâncias — depois de um trabalho exigente ou depois de horas sem comer —, mas isso não deve transparecer. Isso é controle e, portanto, é elegância.

Além disso, o controle da língua, por algum motivo estranho, parece ser a manifestação de todos os outros controles, porque é a coisa mais difícil de controlar. Ela escapa por toda parte. "O peixe morre pela boca", diz o ditado. Mas não se trata apenas de uma questão de estratégia. Se não seguramos a língua, falamos demais. E não há melhor maneira de se esvaziar do que falar demais. Também é fácil falar mal dos outros, falar injustamente e envenenar a atmosfera. E, para piorar, quem fala muito sobre si mesmo torna-se insuportável.

3. A compostura

a) O porte e a postura

Trata-se do controle estético da expressão corporal. É da natureza humana andar ereto. Os macacos, por outro lado, andam curvados e arrastam as mãos pelo chão. Para todo o resto, desenvoltura, que é o oposto de rigidez, e naturalidade, sem brusquidão. Normalmente, não temos desenvoltura por causa da timidez, e isso bloqueia nossos movimentos. Os adolescentes geralmente são desajeitados porque ainda não têm controle de seus movimentos e também porque estão muito preocupados com o que as pessoas vão dizer. O defeito oposto é o maneirismo, que consiste em adotar posturas e se movimentar de maneira excessivamente estudada.

O que fazer com as mãos é sempre uma questão. Isso se faz especialmente premente quando se está em público, e é sempre pior manter as mãos embaixo da mesa ou nos bolsos. Por ser uma coisa tão pequena, pode-se aprender a mover-se com naturalidade. Há também uma maneira de sentar-se. Posturas eretas transmitem sensação de domínio, enquanto esparramar-se de qualquer jeito sobre os móveis dá a sensação de abandono. Além disso, utilizar as coisas para o que não foram destinadas (colocar os pés sobre a mesa, por exemplo) é sintoma de desleixo, além de estragar as coisas e ser irritante para os outros, que veem seu território comum invadido.

Espreguiçar-se ou alongar-se em público é indelicado e desagradável. Também é indelicado bocejar na frente de outras pessoas, especialmente se você estiver conversando com elas. Mantenha uma distância respeitosa e não fique muito perto daqueles com quem está conversando. Tocar as solas dos sapatos com as mãos dá a impressão de descuido e sujeira, e alguém pode sentir repulsa em cumprimentá-lo.

b) O asseio pessoal e a pulcritude

O consumo de sabão está intimamente relacionado à cultura pessoal, e é melhor estar acima da média. Deve-se escovar os dentes após as refeições; lavar as mãos antes de alimentar-se ou ao trabalhar com objetos delicados; tomar banho com frequência — de preferência diariamente — e sempre que suar ao fazer exercícios físicos; ventilar os cômodos se estiver neles há muito tempo ou se tiver fumado.

Pelo mesmo motivo, convém trocar a roupa íntima com frequência — várias vezes por semana — e não usar sapatos por muitos dias seguidos. As roupas externas também devem ser trocadas; caso contrário, podem facilmente adquirir mau cheiro. O mesmo cuidado é necessário com o cabelo, as unhas, os pés e as partes íntimas. O cabelo, por exemplo, pode ser usado de várias maneiras, e todas são boas se estiver limpo.

A pulcritude é o gosto pela limpeza e o cuidado para não sujar-se, bem como para não respingar e se encher de migalhas ao comer, e também para não derramar molhos e líquidos. Em todas as operações de higiene pessoal, deixe o chuveiro, o vaso sanitário e a pia limpos. Não tolere manchas e "nódoas" nas roupas. Escove-se e evite a caspa. Engraxe os sapatos. E, quando estiver usando óculos, lave-os com frequência e aprenda a não tocar nas lentes.

Ao entrar em uma casa, limpe os sapatos no capacho. Quando estiver trabalhando em algo que mancha (tintas, madeira, óleos), use equipamento de proteção. Ao sair para um passeio, não deixe um rastro de lixo. Em alguns lugares, virou moda colocar inscrições como esta: "Que não se diga que aqui tudo era belo até a sua chegada".

"Quando era jovem", acrescenta o poeta Max Jacob,

> tinha vergonha de me olhar no espelho. Achava que era complacência. É preciso olhar-se no espelho com severidade: é uma forma de se inspecionar. A correção externa tem grande valor e é o sinal da correção interna (...). Inspecione-se física e moralmente com severidade. As pessoas olham para você como você olha para elas. Não leve consigo um único botão pendurado. Já sofri muito

> por causa de minha aparência externa e pela falta de cuidados pessoais. Uma carreira pode ser arruinada por um remendo nos sapatos ou um rasgo na roupa.[12]

c) As "operações fisiológicas"

Todas as secreções humanas são repugnantes: sangue, suor, lágrimas, saliva, remela etc., e dão lugar a operações desagradáveis. Todos os restos fisiológicos também são repugnantes. É próprio da elegância tratar todas essas coisas da forma mais discreta possível e poupar os outros de qualquer motivo de desagrado. Portanto, pigarros, espirros e tosses têm de ser discretos, e deve-se usar o lenço discretamente, trocando-o com frequência. Todas as operações de limpeza devem ser feitas em particular: nariz, orelhas, olhos e o uso do palito de dente; remoção de espinhas, pele e cabelo, corte das unhas. Todas as operações de coçar são feias, ainda mais se forem audíveis.

A discrição também é necessária na principal operação fisiológica que realizamos na frente dos outros, que é comer. É horrível comer com a boca aberta, e por isso não se deve falar enquanto se mastiga. O barulho deve ser evitado o máximo possível. Para tanto, é preciso comer devagar, e não com avidez. Use um guardanapo para limpar os lábios e as mãos se ficarem manchados, ou sempre que beber algum líquido. Deve-se aprender a usar os talheres. O melhor é prestar atenção em como os outros o fazem.

---

12 Max Jacob, *Consejos a un estudiante*. Madri: Rialp, 1976, p. 78.

d) O ruído

Uma característica da vulgaridade é ser barulhenta: geralmente, muito barulhenta. Faz-se muito barulho ao comer, ao rir, ao caminhar, ao falar com os outros, ao gritar de um lugar para outro, ao trabalhar. Batem-se pratos e xícaras, talheres nos pratos; mexe-se o açúcar na xícara como se fosse uma betoneira, mastiga-se como um moinho. Ri-se excessivamente. Fala-se alto, mesmo que a outra pessoa esteja perto... e ainda mais se estiver longe. Sente-se prazer em ser notado nas escadas e no elevador, na rua e no carro. Bate-se com os pés no chão, bate-se violentamente as portas em lugar de fechá-las, ou são largadas abertas para que o vento as bata. As coisas caem ou são jogadas sem cuidado. Arrastam-se móveis e derruba-se tudo. Quando ouve-se rádio ou televisão, faz-se questão de compartilhar o som com toda a vizinhança... É como se o sujeito sentisse a necessidade de mostrar continuamente a todos que está vivo. É sinal de delicadeza de espírito controlar o barulho e amar o silêncio.

4. Estilo pessoal e bom gosto

O estilo pessoal

"Estilo" é uma palavra quase mágica e prestigiada em nossa cultura. O ser humano tem a capacidade de embelezar não só as coisas, mas também todas as suas ações e os objetos que usa. Pode lhes dar uma determinada forma e pode torná-la atraente ou feia.

Há "estilo" em quase todas as atividades humanas. Há estilo na maneira como alguém se apresenta, na maneira como fala ou na maneira como conduz suas relações sociais. Ter estilo é mais do que a atitude sobre a qual falamos anteriormente. É algo como ter uma boa forma ou marca de apresentação. Em círculos distintos, isso é chamado de "classe". Refere-se a um modo de se apresentar que é típico de pessoas bem-posicionadas, bem-educadas, especialmente preparadas para as relações sociais. Esse estilo também inclui o modo de viver, o modo de se vestir e os ambientes criados para a própria vida (a decoração).

Sempre nos deparamos com o mesmo problema, um problema antropológico ou sociológico: em todas as culturas, as classes mais altas usam modos de se distinguir. Por isso a palavra "distinção" tem esses dois valores. Por um lado, faz alusão a um classismo que se torna bastante repulsivo, enquanto, por outro, faz alusão a algo que tem uma qualidade humana, pois em toda parte as classes altas desenvolveram uma sensibilidade especial para o convívio social e um gosto ou refinamento maior para quase tudo. Elas criaram formas de fazer as coisas que são realmente valiosas: formas educadas de se comportar e bom gosto em roupas, móveis e decoração. E isso deve ser apreciado. Outra coisa é a barbárie.

Precisamos reconhecer que não se trata apenas de uma questão de dinheiro ou esnobismo. Há pessoas que têm muito dinheiro e não têm classe ou estilo, nem distinção ou bom gosto. Elas podem ser personagens perfeitamente rudes e mal-educadas, cheias de manias de "novos-ricos" e sem nenhuma sensibilidade cultural ou estética. Há também pessoas que parecem ter "estilo demais": muito esnobismo, muita teatralidade, muito interesse em chamar a atenção ou em mostrar suas peculiaridades. Elas entendem o estilo como algo puramente superficial, cuja função é fazê-las se destacar dos outros ou criar um lugar para si no mundo. À vezes elas ganham a vida com isso, como os personagens do *showbiz* nas revistas de fofoca.

A melhor distinção é aquela que assinala uma personalidade gentil, culta, generosa e atenciosa, e cujas qualidades incluem a preocupação com os outros, um trato gentil e atencioso, a naturalidade e simplicidade de conduta, a honestidade de vida, a higiene em todos os seus aspectos, o máximo possível de bom gosto e o amor pela beleza. No fim das contas, essas são as qualidades mais importantes do estilo pessoal. As outras podem ser aprendidas com aqueles que o fazem bem. Vale aqui a mesma regra de ouro de toda arte: aprender com aqueles que sabem e imitá-los, evitando a ousadia por um lado e o esnobismo por outro, até que a atitude em questão se torne parte de si mesmo.

O bom gosto

Refere-se à capacidade de escolher o que é belo ou o que está em consonância com determinada situação. Diz respeito, sobretudo, às roupas, aos objetos que cercam a vida ou à decoração em geral, à capacidade de criar ambientes bonitos.

É quase inútil arriscar uma teoria do bom gosto. O bom gosto é indefinível, e teríamos de repetir aqui quase tudo o que já dissemos sobre estética. Pelo menos duas coisas andam de mãos dadas. Por um lado, há o "eu gosto", que, como já dissemos, é algo perfeitamente pessoal. Por outro, há toda uma cultura sobre a questão, ou seja, a tradição do bom gosto, com suas constantes evoluções.

Como se aprende a ter bom gosto para se vestir ou decorar? A receita é clara. Em primeiro lugar, jamais se deve prescindir do gosto pessoal. Pode-se reconhecer a falta de experiência e observar os outros, aceitar conselhos ou delegar a escolha. Isso faz sentido. Mas seria uma pena vestir ou colocar algo na decoração só porque os outros também o fazem. Ou se chega ao "eu gosto", ou trata-se de algo postiço.

Em segundo lugar, é preciso frequentar o que é bom e atentar para quem sabe ou faz bem. Com efeito, não há outra maneira de aprender além dessa. O gosto se adquire e se consolida, como diz Gracián, quando convivemos ou vivemos em um ambiente de bom gosto. O mau gosto também, se frequentamos constantemente pessoas e ambientes de mau gosto.

Boas lojas de roupas têm roupas de boa qualidade e, em geral, bom gosto. O mesmo se aplica à decoração. Ambientes selecionados geralmente são bem decorados. Há também excelentes publicações capazes de dar muitas ideias. Consultá-las proporciona certa cultura estética e muitas ideias para combinar cores, formas, texturas etc.

Isso não significa que o bom gosto esteja necessariamente ligado a comprar ou possuir coisas caras. Não é esse o caso. Antes, significa que é mais fácil encontrar coisas boas em ambientes selecionados e caros e que, ao ver essas coisas boas, aprende-se. Mas, quando se adquire um pouco de bom gosto, é possível encontrar soluções muito boas com muito menos gastos. Adquire-se independência e um critério pessoal e próprio que não depende de esnobismo ou preço. Bom gosto é justamente isso: capacidade de escolha não pelo preço, mas pela estética.

É preciso começar pelo mais clássico, para adquirir o gosto pela tradição e obter uma formação que permita julgar o resto. Embora o estilo mude, não é inventado a cada passo. Ao se vestir ou decorar, não é aconselhável optar diretamente pela "última moda", especialmente quando não se sabe de quem se está copiando ou imitando. Um pouco de tradição confere um arcabouço pessoal capaz de julgar as evoluções recentes. Coisas muito chamativas ou inovadoras geralmente são feias, causam péssimo efeito devido a questões técnicas e ficam desatualizadas rapidamente.

Uma vez adquirido algo de bom gosto, a arte consistirá justamente em conseguir boas combinações com o que se tem ou com o que se pode adquirir. E é mais artístico quando encontramos boas soluções simplesmente combinando os elementos disponíveis. A ideia de "combinar tudo" em uma casa, desde as cortinas até as meias, é a de um novo-rico que tem muito dinheiro, mas não tem bom gosto. Isso é absurdo e perfeitamente artificial. Qualquer casa pessoal está cheia de objetos e lembranças de diferentes tipos e origens. A questão está em distribuí-los com um pouco de estética, de modo a obter uma atmosfera aconchegante e agradável, e não fazer com que tudo seja caro e da mesma cor. E algo semelhante pode ser dito sobre o vestuário.

Essas coisas não são as mais importantes da vida e não merecem o primeiro lugar, mas nos acompanham. São como o ambiente em que a vida acontece. A vida ganha mais qualidade humana quando há um pouco de cuidado com o estilo pessoal, o vestuário ou a decoração. É natural apreciar essas artes, que são os frutos selecionados da inteligência humana. Isso também é cultura e humanidade.

5

Amor à palavra

1. Língua e cultura

Já se disse que o homem é mão e palavra: com a mão ele move as coisas e com a palavra, o espírito. A mão é a base da técnica; a linguagem, da cultura. A palavra é a ferramenta mais próxima da inteligência, a ferramenta principal. É por isso que a arte da palavra é a mais humana de todas, a primeira, a mais conatural, a mais imediata. O ideal humano que Quintiliano extrai da antiga tradição civil romana é: *Vir bonus, dicendi peritus*, isto é, um homem bom, perito em falar.[1] Para lhe dar todo o valor, devemos lembrar que os grandes cidadãos romanos tinham uma forte consciência de serem pessoas públicas, obrigadas pela sua condição a tomar parte na vida civil com as suas opiniões e os seus discursos.

A palavra serve para pensar, discernir, definir, transmitir, aconselhar, comandar, entusiasmar, comover, convencer,

---

1 *De institutione oratoria*, 12, 111.

anunciar, dialogar, educar; para guardar na memória em arquivos, para atesourar nas bibliotecas; para refletir sobre o que acontece no mundo real e para criar mundos fantásticos... É o meio de esclarecer e expressar o que sabemos. É o veículo e a base da cultura, o instrumento com o qual se pode participar da vida das sociedades, a ferramenta com a qual as almas são trabalhadas, o canal vivo dos relacionamentos mais profundos: amizade, amor e oração. Juan Luis Vives, o grande humanista espanhol, disse que a palavra é "o tesouro da erudição e o instrumento de ligação da sociedade humana".[2]

A vida do intelecto e da cultura nos é dada por meio da palavra: pela voz, na conversa, no telefone, no rádio, na televisão; pela escrita (com essa formidável conquista cultural que é o alfabeto fenício), nas cartas, nos jornais e livros, no *e-mail*... A fala é a expressão do mundo e cria o ambiente em que vivemos. É como o hábitat espiritual. Nós, humanos, habitamos espiritualmente em um mundo feito de palavras.

A capacidade de falar é uma característica humana incrível. Nosso ser tem um sistema muito complexo, que mal conhecemos, de arquivar e relacionar termos e significados, e também um sistema delicado de pronúncia que afeta, entre outras coisas, a configuração da laringe, muito mais distinta no ser humano do que, por exemplo, nos macacos.

Não sabemos como isso aconteceu, mas o que podemos dizer é que, para um ser humano de nosso tempo, a

2 *De disciplinis*, II, l. III, cap. 1, em *Obras completas*, II. Madri: M. Aguilar, 1948, p. 373.

capacidade de falar é inata: salvo anomalias, todo bebê recém-nascido vem formidavelmente programado para isso. Mas essa programação só é ativada e utilizada com o estímulo de uma comunidade de falantes. Aprendemos ouvindo os outros falarem, especialmente aqueles que cuidam de nós nos primeiros anos. Uma criança normal, que se movimenta em um contexto linguístico normal, demonstra desde cedo uma facilidade surpreendente, que nunca mais recupera, para aprender o idioma que ouve. Ela, porém, não o inventa; antes, aprende o idioma de seus pais. É por isso que o chamamos significativamente de "língua materna": trata-se do idioma no qual nascemos para a cultura e no qual fomos criados. E isso marca culturalmente o sujeito, para sempre.

A língua é um produto cultural. Não vem da biologia. É por isso que existem tantos idiomas diferentes, embora os homens sejam biologicamente iguais. Cada idioma é uma criação artística formidável, resultado de uma história de muitos séculos. Os idiomas formam ramos e famílias, e suas raízes se perdem nas brumas do tempo, para além da história, que por sua vez não pode ser contada sem as palavras. Na sua origem, cada idioma costuma estar intimamente ligado a uma comunidade histórica. Ele a define, a constitui, e também muda com ela. Os eventos históricos produzem a mistura de etnias e, muito mais rapidamente, a mistura de idiomas. As grandes línguas, as mais cultas, tendem a impor-se às elites e, a partir daí, a transformar ou suplantar outras línguas menos ricas, menos faladas ou menos escritas.

A riqueza de um idioma depende do amor com que foi cultivado e do vigor do que foi dito com ele. Não é a mesma coisa que surjam ou não gênios literários e poetas, dramaturgos e romancistas, ensaístas e pensadores ou cientistas. Todos eles enriquecem a língua e aumentam a sua capacidade como instrumento de inteligência. Os grandes criadores da língua são aqueles que constroem e adornam o mundo conhecido e expresso. Eles desenham o mundo com palavras e dão a outros falantes os meios para se expressarem. Ao usá-las, aumentam o vocabulário e o tornam mais preciso: contrastam termos e os relacionam. Com suas imagens e metáforas, enchem-no de cor. E, com esse tratamento cuidadoso e belo, acrescentam nuances e evocações às palavras existentes. Dessa forma, cada língua se torna uma criação artística formidável.

2. O vocabulário e a inteligência

A relação entre pensar e usar palavras não é clara. É evidente que há áreas de nossa inteligência que funcionam sem elas: compreendemos os problemas como um todo, intuímos situações, descobrimos paralelos, fazemos deduções imediatas... Mas também está claro que a linguagem está muito envolvida em nossa maneira de pensar. A criança de dois anos, ao mesmo tempo que começa a pensar, começa a falar consigo mesma enquanto faz as coisas; e o adulto não pode prescindir de um monólogo interior quando quer esclarecer o que pensa e o que quer. A palavra molda o mundo "mental". É por isso que um domínio deficiente da linguagem é consequência e, ao mesmo tempo, causa de um universo mental deficiente, ou seja, de uma humanização deficiente: "Há muitos, muitos inválidos da fala", disse o poeta Pedro Salinas. "Há muitos coxos, aleijados, mancos da expressão".[3]

Necessitamos de palavras para esclarecer nossos pensamentos, para ordená-los em um esquema e para mantê-los com precisão em nossa memória. *Sermo generatur ab intellectu et generat intellectum*, disse Pedro Lombardo na Idade Média: "A palavra é gerada pelo pensamento e gera o pensamento". A verbalização — expressão em palavras —, mesmo que seja interior, é indispensável para nós.

As palavras nos dão "unidades de significado", e podemos acumulá-las, ordená-las e contrastá-las. Graças a elas, criamos um "mapa simbólico" do mundo, um mapa de palavras que descreve cada uma de suas partes reais e imaginárias. Onde não há palavras, o mundo permanece embaçado. José Antonio Marina o disse muito bem: "A realidade em seu estado bruto não é habitável: é necessário dar significados a ela, segmentá-la, dividi-la em cômodos e construir corredores e relações para ir de uma parte a outra parte".[4] As palavras nos ajudam a distinguir algumas realidades de outras: "Graças à palavra, ao seu trabalho de distanciamento e separação", diz um especialista em literatura, "as coisas se tornam tais e a realidade deixa de ser um caos contínuo, heterogêneo e

---

3 P. Salinas, "Defensa del lenguaje", em *El defensor*. Madri: Alianza, 1986/3, p. 283.

4 J. A. Marina, *Teoría de la inteligencia creadora*. Barcelona: Anagrama, 1994 (4. ed.), p. 63.

fugaz, tornando-se diante de nós — já longe de nós — um cosmos de objetos distintos e duráveis".[5]

Esse trabalho de domínio da linguagem começa assim que a criança tenta chamar as coisas pelo nome:

> Esse é um grande momento, o momento em que o ser humano começa a desfrutar, em perfeita inocência, da faculdade essencial da inteligência: a capacidade de distinguir, de diferenciar algumas coisas de outras, de diferenciar a si mesmo do mundo. A criança, ao nomear o cachorro, a casa, a flor, transforma o nebuloso em claro, o indeciso em concreto.[6]

Compreender é relacionar o que é novo ao que já é conhecido. A linguagem, ao nos forçar a decompor determinada experiência em termos cujo significado já está fixado, exige que a analisemos com delicadeza, discernindo as palavras e expressões corretas e comparando-as com nossa experiência. Dessa forma, ela nos ajuda a compreender. Para entender bem qualquer assunto, é preciso fazer esforço para expressá-lo. Todo mundo sabe que se aprende muito sobre um assunto quando é preciso explicá-lo a outra pessoa. E para isso é necessário colocar em ordem o que se sabe, articular as dependências causais, organizar o raciocínio. Assim passa-se a ver claramente o que antes era apenas confuso, descobrem-se relações que antes eram tidas como certas, nasce o rigor do raciocínio e a precisão dos conceitos.

---

5 J. M. Valverde, *Estudios sobre la palabra poética*. Madri: Rialp, 1958 (2. ed.), p. 123.

6 P. Salinas, "Defensa del lenguaje", em *El defensor*. Madri: Alianza, 1986 (3. ed.), p. 280.

Com sua prosa cuidadosa, Pedro Salinas capta essa experiência universal:

> Devo confessar que muitas vezes, ao conversar com um amigo ou em minha cadeira, enquanto modulava as palavras e as lançava no ar, eu mesmo via meus pensamentos passarem de uma espécie de pré-consciência (...) para um estado de existência plena (...). À medida que encontrava os símbolos verbais que a expressavam justamente (...), minha ideia, vagamente definida diante de mim, assumia certos contornos, e no ato da linguagem eu sentia a profunda vontade de meu pensamento de se completar, de ser; eu estava testemunhando o nascimento de algo meu.[7]

Isso acontece ainda mais quando se escreve. A linguagem escrita é implacável para a pessoa que quer explicar: não permite saltos lógicos, nem frases inacabadas ou que não estejam perfeitamente unidas. A linguagem falada às vezes se baseia em gestos, em tons de voz, deixa as frases incoerentes, inconclusas, faz várias tentativas convergentes de aproximação sem, às vezes, chegar ao fim. Qualquer especialista tem a experiência de que, ao escrever, seu conhecimento das coisas cresce em clareza, precisão, ordem e estrutura. O conhecimento é adquirido de forma mais segura, firme, nítida e organizada quando registrado por escrito. Não se é o mesmo depois de ter escrito seriamente sobre o assunto que deseja conhecer. Experimenta-se um crescimento formidável. Para dominar bem a palavra e o pensamento, é preciso escrever.

---

7 P. Salinas, "Defensa del lenguaje", em *El defensor*. Madri: Alianza, 1986 (3. ed.), pp. 284–285.

Em qualquer campo em que queiramos pensar, precisamos, antes de tudo, nos apossar de seu vocabulário. Essa é nossa primeira ferramenta de trabalho. Precisamos saber quais são as palavras-chave, o que elas significam para as pessoas comuns e como são usadas pelos sábios daquela área. Essas palavras nos abrem as portas para o conhecimento, nos permitem entender o que outros escrevem, nos ajudam a analisar nossas experiências e, portanto, também a adquirir conhecimentos por conta própria.

Quando usadas, as palavras se contrastam entre si, seus significados se combinam e ordenam; elas crescem em precisão e nuances. Dessa forma podemos desenhar o plano mental dessa parcela de pensamento. Se não tivermos um bom vocabulário, não conseguiremos distinguir uma coisa de outra, não poderemos definir limites e estabelecer relações, e tudo ficará confuso. Somente depois de estabelecer o plano verbal de um campo de conhecimento poderemos começar a trabalhar nele com seriedade, construir, crescer, vencer. A palavra situa as coisas do espírito.

O vocabulário de uma pessoa culta deve ser:

- *Rico*: ela deve possuir um arsenal abundante de palavras, e não apenas das que designam "coisas" no universo físico (objetos, animais, cores etc.). Estas palavras podem ser infinitas, sobretudo no que diz respeito àquelas que descrevem o universo humano, que designam ações, relacionamentos, percepções, sensações, emoções, estados de espírito; e também todo o imenso arsenal de termos abstratos que são as ferramentas de pensamento da inteligência.

- *Preciso*, pois não basta conhecer muitas palavras; deve-se conhecê-las com seus limites, com suas nuances, com suas relações, com suas evocações mais ou menos vagas. Assim, elas são usadas com "propriedade", ou seja, adequadamente, no momento certo, no contexto devido. Não é a mesma coisa dizer que algo é grande ou que é alto, que é grosso ou que é amplo, que é bonito ou que é belo. As palavras nunca são iguais umas às outras: elas assumem certas nuances a depender do contexto, do uso, de sua origem e até mesmo de sua sonoridade, que as diferenciam, ainda que muito sutilmente.

Para haver um uso apropriado das palavras, ou seja, para usá-las adequadamente, respeitando o significado que têm, é bom consultar um dicionário em caso de dúvida. Este é um hábito maravilhoso, embora não deva ser transformado em um dever penoso, sob o risco de não perdurar. Não devemos nos forçar a consultar todas as palavras quando não conhecemos muitas delas. Ler um livro consultando o dicionário o tempo inteiro é uma provação. Uma medida razoável é uma palavra por página (e duas ou três, no máximo, em idiomas estrangeiros).

"O uso indiscriminado de um termo", diz José Antonio Marina,

> não seria grave se as palavras não fossem um instrumento de análise da realidade. Mas são; seus significados

> indicam sendas abertas nas coisas, o que as torna transitáveis. Uma palavra perdida é, talvez, um acesso perdido à realidade. Uma palavra borrada é um caminho oculto pela vegetação rasteira.[8]

Adquirem-se riqueza e propriedade relacionando-se com aqueles que as possuem. O domínio da linguagem é uma arte que, como todas as outras, aprende-se por imitação. A linguagem é transmitida de um homem para outro. Para ter um vocabulário rico e preciso, é necessário frequentar as grandes figuras da literatura, do pensamento; os melhores colunistas de jornais, os poetas... E podemos frequentá-los simplesmente lendo. Os grandes nomes estão à nossa disposição nos livros: não podemos conversar propriamente dito com eles, mas os temos ao nosso alcance para analisá-los, estudá-los, desmontá-los e imitá-los.

Porém, não se trata apenas de acumular palavras, muito menos de acumular palavras difíceis. Qualquer campo de artesanato — encadernação de livros, por exemplo — tem seu próprio tesouro de terminologias. Podemos nos interessar em conhecê-la se tivermos alguma relação com esse ofício ou simplesmente por curiosidade e *hobby*. Mas não podemos conhecer o vocabulário de todas as artes e ofícios, os nomes de todas as plantas, todos os insetos, a alquimia de Córdoba ou a artilharia do século XVIII... apesar de sua beleza. Um pouco

---

8 J. A. Marina, *Teoría de la inteligencia creadora*. Barcelona: Anagrama, 1994, p. 15. E acrescenta mais adiante (p. 68): "A riqueza lexical não é um adorno cultural, mas uma ferramenta de análise da realidade que contém o árduo trabalho de discernimento realizado pelos falantes ao longo da história. Elogiar algo dizendo que 'é legal' não é uma simplicidade expressiva, mas, no longo prazo, um defeito de categorização: uma impotência de distinguir o motivo de nosso contentamento".

pode ser um ornamento, mas muito é geralmente um obstáculo. A erudição só é boa quando está sujeita ao pensamento; caso contrário, ela o atrapalha. De todo o imenso acúmulo de palavras especializadas, é de nosso interesse possuir — em grande parte — o vocabulário comum, que está em circulação em nossa cultura, em nossa profissão e em nossos gostos.

Também é importante conhecer o vocabulário que descreve o mundo interior do homem, porque ele é nosso principal objeto de conhecimento e reflexão, o tópico mais interessante de toda conversa, análise e expressão. Esse vocabulário, que é muito rico, permite que nos expressemos e definamos claramente o que acontece conosco e com os outros. É adquirido, acima de tudo, por meio das descrições psicológicas dos grandes mestres do romance, mas também nos grandes ensaios das ciências humanas. O vocabulário filosófico é de particular interesse, pois nasce do exercício do pensamento, foi estabelecido de forma crítica e serve para pensar. Para absorvê-lo, basta recorrer aos principais pensadores e ensaístas. Esses conceitos são úteis para tudo e ampliam muito o horizonte de nosso pensamento.

3. A beleza das palavras

As palavras têm uma capacidade de expressão e um poder de evocação tão grandes que servem mais do que qualquer outro meio como objeto de criação artística. Cada palavra é em si uma pequena obra de arte, com a história de sua origem — sua etimologia —, seu uso literário, suas nuances, suas evocações, seu uso em expressões cunhadas, sua sonoridade... Todos esses aspectos fazem parte de sua riqueza. A poesia e a prosa literária exploram suas possibilidades. Nem todos temos a sensibilidade de um poeta para apreciar essas nuances espontaneamente, mas podemos crescer em sensibilidade se prestarmos um pouco de atenção a elas. É suficiente parar, apreciá-las, tentar saboreá-las e reconhecer seu charme. Não são objetos vulgares, mas preciosos. É preciso ouvir o testemunho de homens da literatura para saber o que é amar as palavras: "Amar as palavras", recomenda o poeta Max Jacob. "Amar uma palavra. Repeti-la, gargarejar com ela. Assim como um pintor ama uma linha, uma forma, uma cor (MUITO IMPORTANTE)".[9]

"A palavra tem a sua própria magia", diz o romancista Julien Green,

> e os poetas conhecem o seu segredo. Parece que é algo que não se transmite e que não se aprende. Já se nasce com isso. É uma música interior que parece simples, embora seja necessário um ouvido muito treinado para compreender sua complexidade; mas não é inacessível ao leigo, que percebe seu encanto sem sempre saber a razão. A memória retém essa música.[10]

"Quando um bom livro é lido adequadamente", diz o professor de literatura e grande ensaísta C. S. Lewis,

---

9 Max Jacob, *Consejos a un joven poeta*. Madri: Rialp, 1976, p. 32.

10 Julien Green, *Libertad querida*. Barcelona: Ed. Paradigma, 1990, p. 124 (publicado junto a *París*).

> as palavras (...) exercem uma coerção muito especial sobre as mentes dispostas e capazes de se submeter a uma exigência tão requintada e fina (...). As palavras têm uma "cor", um "sabor", uma "textura", uma "fragrância" ou um "aroma".[11]

"Para nós", afirma o romancista Hermann Hesse,

> as palavras são o que as cores da paleta são para o pintor. Há um número incontável delas, e novas estão sempre a surgir, mas as palavras boas e verdadeiras são em menor número, e ao longo de setenta anos não vi nenhuma nova ser criada. Da mesma forma, as cores não existem em qualquer número, embora seus tons e misturas sejam incontáveis. Entre as palavras, há, para todos os que falam, vozes amadas e estranhas, preferidas e evitadas; há as vulgares, que se usam mil vezes, sem temor de desgaste, e outras, não vulgares, que, por mais que se goste delas, só se pronunciam ou se escrevem com cuidado e discrição, com a infrequência e o tato seletivo que convém quando tratamos das coisas excelentes.[12]

Toda palavra — e nisso reflete a configuração do homem — tem corpo e alma: tem sonoridade e tem significado. A arte das palavras, especialmente a poesia, faz uso de ambas as propriedades, e o bom gosto deve saber valorizá-las.

A sonoridade tem a ver com a acentuação, o tipo de vogais — fechadas ou abertas —, o valor das consoantes, a terminação. Por exemplo, as palavras *abedul* [bétula] ou *carrasca* [azinheira] são semelhantes do ponto de vista

11 C. S. Lewis, *Crítica literaria: un experimento*. Barcelona: A. Bosch, 1982, p. 70.

12 Hermann Hesse, "Prosas tardías", em *Obras escogidas*. Madri: Aguilar, 1957, pp. 1126–1127; encontra-se na antologia de F. Delclaux, *El silencio creador*. Madri: Rialp, 1969, p. 295.

do significado, porque referem-se a duas plantas; mas, se observarmos sua sonoridade, a primeira é muito mais sugestiva e também mais exótica, por causa da terminação rara. Esse é um efeito que não passa despercebido pelos poetas, embora também pudessem aproveitar a aspereza da palavra *carrasca* para buscar um efeito literário ("*carrascas en barrancos, riscos y peñascos*", onde parece que se ouve o ringido das pedras). Outro exemplo: "nenúfar" e "lótus" designam plantas muito semelhantes, mas a primeira tem uma sonoridade muito especial e também forma um plural interessante do ponto de vista sonoro: "nenúfares". É compreensível que um poeta tão colorista como Rubén Darío[13] tenha se encantado com ela.

O significado envolve não apenas o que poderíamos chamar de "significado convencional", que está incluído no dicionário, mas também o conjunto de evocações que desperta e as relações sutis que a palavra tem com expressões idiomáticas. Por exemplo, "pássaro" e "ave" têm significados muito próximos. No entanto, é a primeira que é usada na expressão "livre como um pássaro", o que reflete uma das conotações que a palavra pássaro tem em português (liberdade). Por outro lado, a palavra "ave" tem uma nuance mais elegante quando usada como sinônimo de pássaro ("uma ave noturna") e é afetada pelas conotações vulgares da segunda palavra na expressão "uma ave de capoeira".

Valorizar e apreciar essas nuances é amar as palavras. Cada palavra é uma pequena joia, e usá-las bem é uma

13 No entanto, Pedro Salinas diz que Rubén Darío conheceu os nenúfares muito depois de ter ficado fascinado pela palavra.

arte. Devemos tratá-las com apreço, colocá-las em seu lugar, inseri-las no discurso, sem forçá-las ou estragá-las.

Não se trata de fazer de todo texto poesia. A poesia explora de maneira especial os recursos da sonoridade — acentuação, ritmo — e expressividade — significados, evocações, sugestões — que as palavras têm. Mas em qualquer texto pode haver bom gosto na seleção das palavras, não porque elas sejam raras ou exageradas, mas porque as adequadas foram escolhidas e, respeitando o gênero do texto, bem colocadas. Entende-se que a linguagem de um texto literário, de um romance, de uma ata notarial, de um relatório médico e de uma apresentação corporativa não é a mesma. Mas todos são feitos com palavras, e podem ser feitos escolhendo-se as palavras certas e usando-as com adequação e bom gosto, com a arte que corresponde a cada gênero literário, sem transformar um laudo médico em poema ou um poema em laudo médico.

Na linguagem falada, também é sinal de cultura tratar bem as palavras: evitar a repetição daquelas que são cunhadas como gírias e palavrões. Elas dão um penoso ar de cretinismo mental. Um palavrão pode ter sua função, mas repeti-lo constantemente, sem necessidade ou razão, só expressa falta de educação. Muitas vezes, isso é apenas uma moda entre os jovens, mas há o perigo de que se torne um hábito arraigado e que as pessoas não consigam mais falar de outra forma. Nesse caso, isso seria um defeito.

Há uma idade, quando se adquire a capacidade de participar da vida pública, em que a pessoa deve ser capaz de falar bem, e isso não pode ser improvisado, porque o domínio da linguagem — falada e escrita — é uma arte.

4. A expressão escrita

O idioma não é apenas formado por palavras, mas também pela formidável estrutura que as envolve e as relaciona, na qual estão envolvidos tanto o substrato lógico de nosso intelecto quanto a história concreta da comunidade de falantes de um idioma. Todos os idiomas são monumentos da cultura humana, e em suas estruturas está a profundidade da inteligência. Além disso, os idiomas cultos, ou literários, desenvolveram-se em termos de organização e em sua capacidade de expressão.

Comparada a uma língua não literária, a língua culta é como um órgão de tubos com mais teclados e muito mais registros. Tem muito mais possibilidades. Já não é preciso voltar a elogiar a importância de melhorar a forma de utilizá-las, de conhecer bem a gramática e a sintaxe, de ter certa cultura literária, de treinar a expressão falada e escrita. "Todo o mecanismo da linguagem lhe é oferecido", diz Pedro Salinas,

> como o teclado do piano ao músico, para exteriorizar o que sua alma sente... O bom conhecedor das teclas, de seus recursos inesgotáveis, as fará cantar novas músicas, com sotaque próprio. É assim que o homem encara a linguagem: todos nós a usamos, sim, todos nós temos certo conhecimento desse prodigioso teclado verbal. Mas

> sentiremos melhor o que pensamos quanto mais profunda e delicadamente conhecermos suas forças, seus primores, suas infinitas faculdades de expressão.[14]

A linguagem serve para nos expressarmos, nos fazermos claros, e ao mesmo tempo para nos comunicarmos. As duas funções não são as mesmas, embora andem de mãos dadas. Expressar-se é tentar despejar nos recursos da linguagem — que são convencionais e comuns, possuídos por todos — o que é próprio e pessoal. Na medida em que somos capazes de expressar o que é nosso — ideias, sentimentos — com os recursos comuns da linguagem, nós o colocamos em posição de ser transmitido. Essa é toda a arte da linguagem: transmitir algo pessoal com um instrumento que pertence e é conhecido por todos. E fazemos isso usando os recursos da linguagem. Quando o executamos com maestria, com perfeição, com domínio, há arte e beleza.

Escrever é uma arte muito exigente: "O objetivo artístico", diz o romancista Joseph Conrad, "quando expresso por meio da palavra escrita, deve aspirar com todas as suas forças à plasticidade da escultura, à cor da pintura e à sugestão mágica da música, que é a arte das artes".[15]

A seguir, trataremos um pouco do estilo na escrita. Aqui nos referimos principalmente ao seu gênero mais comum: aquele que quer expor e transmitir ideias,

---

14 P. Salinas, "Defensa del lenguaje", em *El defensor*. Madri: Alianza, 1986 (3. ed.), p. 282.

15 J. Conrad. Prólogo à edição inglesa de *The Nigger of the Narcissus* (1898), apud Araceli García Ríos em seu prólogo à edição de *El corazón de las tinieblas*. Madri: Alianza, 1988, p. 13.

pensamentos e emoções. Não estamos falando do romance, nem da prosa poética, nem do gênero epistolar. Estamos nos referindo à escrita usada em ensaios, trabalhos, relatórios e livros didáticos.

Costuma-se dizer que as ideias movem o mundo: isso é verdade, mas não é toda a verdade. Nem todas as ideias movem o mundo. Para movê-lo, devem primeiro mover os corações; e, para mover os corações, devem primeiro ser compreendidas e bem ditas. Além disso, poderíamos falar sobre os canais pelos quais elas chegam — a mídia, as editoras, a publicidade —, mas aqui nos concentraremos apenas na arte de escrever de uma forma capaz de ser compreendida.

Os filósofos medievais diziam que o fim organiza os meios. Nunca devemos perder de vista o fato de que o objetivo de um texto é ser lido com facilidade, interesse e prazer, bem como ser aceito com confiança.

A primeira virtude de uma prosa que deseja transmitir ideias é a clareza: "Procurar", diz Cervantes em seu prólogo ao *Dom Quixote,*

> que a vossa história se apresente em público escrita em estilo significativo, com palavras honestas e bem colocadas, sonoras e festivas em grande abastança, pintando em tudo quanto for possível a vossa intenção, fazendo entender os vossos conceitos sem os tornar intrincados, nem obscuros.[16]

Todo texto requer um plano preliminar, um pequeno esboço onde o material é distribuído e as ideias são

16 Miguel de Cervantes, prólogo ao *Dom Quixote*.

ordenadas. Antes de começar a escrever, é necessário pensar em quantas partes vamos escrever e o que pode conter cada parte. A estrutura deve ter sido bem pensada antes de iniciada a construção. Não se deve construir pirâmides acumulando terra, essas frases e mais frases que vão saindo, e sim com uma estrutura de vigas e colunas, que seja ágil e se erga rapidamente. A escrita deve ser breve e rica. A desordem e o acúmulo de material são enfadonhos."Prosa é arquitetura", diz Hemingway, "e não decoração de interiores, e o barroco já passou".[17]

Quando começamos a escrever, devemos saber o que temos a dizer a cada momento, em cada uma das partes previstas. Tudo o que resta depois é encontrar a melhor maneira de expressá-lo, a maneira mais eficaz, mais clara, mais inteligente e mais curta. Cada parte é escrita sem perder de vista o todo, tentando garantir que as ideias fluam de forma ordenada, que a sintaxe seja a mais simples possível e que as palavras sejam compreendidas.

Baltasar de Castiglione, em seu livro sobre *O cortesão*, expande essa questão:

> Trata-se de estabelecer em boa ordem o que é dito ou escrito e, em seguida, expressá-lo distintamente com palavras adequadas, escolhidas, completas, bem compostas e, acima de tudo, usadas até mesmo pelo vulgo, porque são elas que fazem a grandeza e a majestade do discurso, caso o orador tenha bom senso e diligência e saiba escolher aquelas que expressam mais adequadamente o significado do que tem a dizer.[18]

---

17 Citado por P. Johnson, *Intelectuales*. Buenos Aires: J. Vergara, 1990, p. 158.

18 B. de Castiglione, *El cortesano*, livro 1, cap. 7, trad. Juan Boscán. Madri: Compañía Iberoamericana de Publicaciones, ca. 1930, pp. 97–98.

É um erro grave pensar que um texto ganha pelo uso de palavras difíceis ou rebuscadas. Talvez, em determinado momento, uma palavra especial possa realçar determinada ideia, mas elas devem ser poucas e ser bem esclarecidas pelo contexto. É melhor usar um vocabulário que seja acessível e, ao mesmo tempo, seleto e rico. Deve-se dar preferência a palavras usadas no contexto daqueles para quem estamos escrevendo.

E não se esqueça dos exemplos e das imagens: uma linguagem muito abstrata ou genérica é sempre enfadonha. Nós, homens, somos corpo e alma; por isso, o puramente abstrato não é adequado para nós: só seria adequado para espíritos puros. Já foi dito que "uma imagem vale mais do que mil palavras", e isso é parcialmente verdade, porque imagens e palavras precisam se complementar: uma imagem com palavras ganha. Uma linguagem ganha com exemplos, com imagens, quando termos abstratos são "traduzidos" para tentar dizer o que às vezes ocultam. As generalidades são sempre confortáveis porque são vagas, mas tiram o interesse do que está sendo dito. Dizer tudo — em abstrato — é não dizer nada: nada que comova, nada que agrade, nada que cause impacto. Evitar resolutamente as generalidades é uma tarefa muito exigente: é preciso dizer verdades claras, com arestas, com definição, com distinção. E o estilo melhora sobremaneira.

A beleza não é obtida pela complicação, mas pela simplicidade e eficácia. Um dos indícios de que o que se diz não foi bem dito é a falta de compreensão. Quando algo não se faz compreender, isso não se deve à elevação do pensamento, que pode até existir em algum momento; antes, deve-se ao fato de esse pensamento não ter sido bem expresso. Se levarmos em conta o que dissemos sobre a relação entre compreender e expressar, sempre fica a suspeita de que, por trás de parágrafos complexos, há uma mente confusa. "Ali onde não há ideias", diz Mefistófeles no *Fausto* de Goethe, "é precisamente onde mais palavras se acumulam".[19] E Jean Guitton, em um livro curto e estupendo sobre o trabalho intelectual, acrescenta que às vezes "os filósofos substituem objetos reais e saborosos por fantasmas opacos criados pelo espírito".[20]

A mente humana é linear e se cansa. Quando começa a ler, precisa percorrer livremente o texto, estimulada pelo interesse e pela beleza do que lê. Precisa fluir como a água em um riacho, sem parar. Por essa razão, tudo o que possa atrapalhar o fluxo deve ser impiedosamente removido: as orações emperradas, as palavras incompreensíveis, a ornamentação excessiva, as digressões inúteis. Tudo deve ser linear, conciso, claro, brilhante.

A tarefa de escrever tem uma contrapartida absolutamente necessária, que é a revisão. É importante ter isso em mente e dedicar momentos diferentes a cada tarefa, porque são etapas que exigem hábitos distintos e colocam habilidades distintas em jogo.

Escrever requer certa quantidade de tempo e material; se possível, é aconselhável deixar a caneta correr livremente, respeitando, em termos gerais, o esquema

---

19 Goethe, *Fausto*. Madri: Espasa Calpe, 1966 (8. ed.), p. 66.

20 J. Guitton, *Le travail intellectuel*. Paris: Aubier, 1951, p. 107.

previsto. Esse é o momento da inspiração, e não é uma boa ideia insistir demais em detalhes que possam deter o curso. Se o esquema planejado puder ser desenvolvido, é melhor avançar. Em algumas ocasiões isso pode ser muito difícil, porque não sabemos como progredir. Hemingway diz:

> Às vezes, quando começava um conto e não havia modo de que avançasse, (...) eu pensava: "Não se preocupe. Você já escreveu até agora e vai continuar escrevendo. Escreva a frase mais verídica que puder". Então, no fim das contas, escrevia uma frase verídica e, a partir dali, seguia adiante. (...) Assim que começava escrever como um estilista, ou como alguém que se apresenta ou se exibe, acontecia que aquele trabalho de filigrana e floreio ficava sobrando, sendo melhor cortá-la e substituí-la por aquela primeira frase indicativa simples e verídica que eu havia escrito no início.[21]

Depois, em outro momento, é preciso corrigir: siga o curso da redação para ver se a água flui ou para; se a sintaxe é clara ou confusa, se as frases se conectam adequadamente umas às outras, se o fio condutor se perdeu, se as palavras estão bem utilizadas, se o texto é vivo e colorido, se há imagens e exemplos.

Não tenha medo de cortar: tudo o que for inútil ou duvidoso deve ser eliminado sem piedade. Um grande escritor espanhol disse certa vez, citando Michelangelo: "A estátua está no bloco de mármore; você só precisa remover o que sobrou. A circuncisão é necessária até que não se possa remover mais nada. É preciso ser

21 E. Hemingway, *París era una fiesta*. Barcelona: Seix Barral, 1964, pp. 19–21.

impiedoso".[22] Azorín fez da supressão o princípio mais importante de seu estilo; ele não deixou nada que fosse desnecessário ou confuso: "Não seria o estilo a eliminação do supérfluo?"[23]

A eficácia da linguagem é bela porque é rápida e inteligente e porque é alcançada pela concentração do assunto sem perder a clareza. Se conseguirmos dizer em um parágrafo o que antes era dito em dois, o texto ganha. Uma linguagem é bem-sucedida quando, sem perder a clareza, cresce em concentração e densidade, o que não cria dificuldade, mas força expressiva: diz-se mais com menos. Não é preciso se estender desnecessariamente: seria péssimo ter que "encher páginas". Significaria que pensamos pouco antes de começar a escrever ou que não temos nada a dizer sobre o tema. Para que um texto tenha algum valor, o problema deve ser o oposto: ter tanto material e tanto desejo de contá-lo que não se sabe como contar tudo em tão pouco espaço. Deste esforço surge o estilo. Isso é riqueza, e o leitor agradece, pois se beneficia de todo o trabalho de lapidação. "No jornalismo, aprendi algo muito importante", diz Miguel Delibes: "É preciso dizer o máximo possível com o mínimo possível de palavras".[24] E Eugenio d'Ors: "Entre duas explicações, escolha a mais clara; entre duas formas, a mais elementar; entre duas expressões, a mais breve".[25]

---

22 J. Jiménez Lozano, entrevista para a revista *Nuestro Tiempo*, 479 (1994), p. 71.

23 Azorín, *Memorias inmemoriales*. Madri: Emesa, 1967, p. 89.

24 M. Delibes, *ABC*, 27.VI.1987, cit. por F. Díaz Plaja, *Cómo escribir y publicar*. Madri: Temas de Hoy, 1988, p. 20.

25 Citado em *La biblioteca ideal*. Madri: Planeta, 1993, p. 203.

Os blocos de construção de um texto são os parágrafos. Um texto é composto de palavras organizadas em frases e frases organizadas em parágrafos. As palavras sozinhas não são suficientes para expressar algo. Uma frase solta ainda não é suficiente. A unidade da redação geralmente é dada pelo parágrafo. E é bom que cada parágrafo desenvolva uma ideia. Jean Guitton, no mesmo livro citado antes, dá alguns conselhos sobre como construí-los:

> Ensinei a meus alunos que o segredo de toda a arte da expressão consiste em dizer a mesma coisa três vezes: ela é anunciada, desenvolvida e, finalmente, resumida de uma só vez. Em seguida, você passa para outra ideia. Meus alunos chegaram ao ponto de transformar esses preceitos em uma máxima: diz-se que vai dizer, diz-se e diz-se que se disse.[26]

Não se deve esquecer que um texto é apenas uma coleção de parágrafos bem conectados divididos por epígrafes.

Para melhorar o estilo, é preciso observar os bons escritores. Como um escritor encontra seu próprio estilo? Embora nosso objetivo aqui não seja a prosa literária, a resposta de Antonio Muñoz Molina — um escritor — é útil: "Copiando. Somente copiando se encontra o próprio estilo. Se quiser ser original desde o início, só dirá bobagens".[27]

Toda escrita tem arte, mesmo que seu propósito principal não seja o literário. Porém, se a linguagem

---

26 J. Guitton, op. cit., p. 86.

27 Antonio Muñoz Molina, entrevista para o *Diario de Navarra*, 8.VIII.94, p. 14.

e a eficácia da expressão forem cuidadosas, se forem intensas, claras, ordenadas e breves, será uma obra de arte. Se tivermos gosto por ela, pode ser o início de uma vocação literária: "Entre em si mesmo", recomendava Rilke a um amigo.

> Examine esse fundamento que você chama de escrever; ponha à prova se ele estende suas raízes até o lugar mais profundo de seu coração; reconheça se você morreria se fosse privado de escrever. Acima de tudo, pergunte-se na hora mais silenciosa da noite: devo escrever? Cave em si mesmo em busca de uma resposta profunda. E, se a resposta for positiva, se você responder a esta grave pergunta com um enérgico e simples *devo*, então construa sua vida de acordo com essa necessidade: sua vida, em sua hora mais indiferente e pequena, deve ser um sinal e um testemunho desse impulso.[28]

5. A arte de falar

Falta dizer algo sobre a outra forma de usar a palavra, que é a oral, a palavra falada. Aqui veremos apenas como apresentar e transmitir ideias a um público, ou seja, o que é típico de uma exposição, palestra ou aula. Há outros gêneros, mas esse é o mais específico, e o que for dito sobre ele se aplica em parte a todos.

A arte de expor ideias em público chama-se "retórica". Recebemos o termo da cultura romana. Por várias razões ele veio a adquirir uma nuance pejorativa: falar

---

28 R. M. Rilke, *Cartas a un joven poeta*. Madri: Alianza, 1990, pp. 24–25.

retoricamente significa expressar-se de maneira não natural, afetada e até mesmo pedante. Também se refere a certa desproporção entre substância e forma. Diz-se que algo é retórico quando a complicação da forma parece esconder a pobreza da substância ou quando se quer disfarçar uma questão e passá-la adiante com argumentos artificiais. O significado da palavra "retórica" foi desviado para designar os defeitos por excesso da arte de falar.

Daqui deduzimos a primeira grande regra da arte de falar: a forma está a serviço da substância. A forma é secundária; serve apenas para fazer as ideias brilharem mais, para serem mais compreendidas, recebidas com mais facilidade. A principal ideia de *Como falar em público e encantar as pessoas*, o popular livro de Dale Carnegie, é que o mais importante para falar em público é ter algo a dizer.

Quando se tem o quê, se obtém o como. Para falar sobre algo, é preciso saber algo e querer explicá-lo. Nada substitui a eficácia do entusiasmo por prestar esse serviço. A transmissão deve ser fruto de uma concentração prévia, de um trabalho de acumulação, de condensação de materiais, de amadurecimento. Quando as ideias estão claras e maduras, quando se fez a luz, elas lutam para emergir por si mesmas. Aquele que concentrou muito conhecimento, conseguiu dar-lhe forma e iluminou própria mente não pode calá-lo. "O que mais importa", diz Baltasar de Castiglione, "e o mais necessário para o cortesão falar e escrever bem, é saber muito. Aquele que não sabe e sequer tem em seu espírito algo que mereça ser entendido mal pode dizê-lo ou escrevê-lo".[29]

Então chega o momento da retórica autêntica, de verter aquelas ideias que querem sair em um discurso ordenado, de colocá-las em uma ordem bela e eficaz. Transmitir tem suas dificuldades, maiores do que parecem à primeira vista. Não somos computadores e não podemos transmitir nossos conteúdos mentais entre nós por meio de um cabo. As ideias têm de ser vertidas em palavras, e as palavras devem ser organizadas de modo que o outro possa e queira entendê-las e recebê-las. Platão narra ou inventa uma pequena anedota sobre Sócrates. Em um banquete, o jovem Agatão, que sentara-se ao lado de Sócrates, disse-lhe que estava fazendo isso para ver se algo de sua sabedoria passaria para ele.

> Que bom seria, Agatão, se o conhecimento fosse de tal tipo que, apenas por nos colocarmos em contato uns com os outros, fluísse do mais cheio para o mais vazio de nós, assim como a água nos copos passa por um fio de lã, do mais cheio para o mais vazio.[30]

Infelizmente — ou felizmente —, o conhecimento não passa simplesmente de um para o outro. Preparar as ideias para que elas "passem" é precisamente a arte da retórica. De acordo com a definição clássica, que tiramos de Cícero, a retórica deve "ensinar, encantar e comover".[31] Não basta apenas ensinar, é preciso também agradar e

---

29 Baltasar de Castiglione, op. cit., p. 97.

30 Platão, O *banquete*, 175 c.

31 *Ut doceret, ut delectaret, ut moveret: De oratore* 2, 28; *Brutus*, 80, 276; 49, 185.

comover. Porque nós, homens, não somos apenas mentes. Se alguém quiser nos ensinar algo, deve primeiro conquistar nossa confiança e depois nossa atenção; deve também nos fazer entender o que está dizendo.

A atenção depende muito do interesse tanto do orador quanto do assunto sobre o qual ele está falando. Uma ampla gama de fatores emocionais e estilísticos entra em jogo. Um tom monótono, um pigarro contínuo ou uma contração da sobrancelha podem tornar insuportável a melhor apresentação.

É preciso tocar o coração do ouvinte, movê-lo. Para isso, a primeira coisa a fazer é ser simpático. Isso se consegue sendo jovial, começando com um detalhe alegre e salpicando o que se diz com bom humor, sem baixar o tom. Além disso, é sempre boa uma adulação moderada do público: alguma menção gentil às coisas que apreciam — a beleza da cidade visitada, a importância da instituição em que se fala, a fama de um dos presentes... Tudo bem exagerar um pouco, porque é humano apreciar o que lhe é próprio acima do que vale, e os ouvintes acharão o leve exagero totalmente justo, ainda que soe artificial e excessivo. Os clássicos sempre recomendaram começar com uma alusão gentil deste tipo. Chama-se *captatio benevolentiae*, captação da benevolência: trata-se de "cair bem", de colocar o público "a favor", o que é necessário para dispô-la a aceitar o que dizemos.

Por outro lado, certo ar de presunção, elogios e citações de si mesmo, comparações favoráveis ao orador e críticas amargas a supostos oponentes não caem bem. Em geral, ataques severos não são bem-vindos (matar passarinhos com tiros de canhão), pois transmitem tensão. Qualquer tom que encerre muita superioridade, como se falar para esse público fosse rebaixar-se, será imediatamente percebido e mal-recebido. Também não é uma boa ideia ser tão didático que pareça estar tratando o público como crianças ou tolos.

O ideal é buscar um tom um pouco acima da média cultural do público, ao mesmo tempo que o orador se certifica de que a linha argumentativa está sempre clara. A linguagem deve ser moderadamente culta — mas sem cultismos —, bastante clara, sem vulgaridades, e a sintaxe deve ser simples: tanto mais clara e simples quanto mais complexo for o assunto. Escolher as palavras adequadas é uma arte.

A atenção precisa de descanso. Ela não se mantém indefinidamente. Por esse motivo, as apresentações não devem durar mais de quarenta e cinco minutos, e a tensão deve ser relaxada a cada dez ou doze minutos com uma anedota, um detalhe humorístico, um aviso de mudança de parte...

A brevidade é sempre apreciada. O que pode ser dito com menos é sempre mais bem dito com menos. Quando prometer encerrar, encerre. E apresentações cheias de desculpas, preâmbulos e ressalvas tornam-se cansativas. As pessoas vêm para ouvir — por interesse ou obrigação — e ficam impacientes para entrar no assunto. E também quando querem sair e não conseguem.

Não é preciso se alongar demais, mas é preciso estender-se o suficiente para dizer bem o que se quer dizer e conseguir que tenha corpo e consistência. O público veio para ouvir algo interessante, e não só para que acabe o quanto antes. É preciso terminar com a sensação de que o esforço valeu a pena. Portanto, é necessário produzir um clímax, chegar a algum núcleo e proporcionar algum ganho ao ouvinte.

Brevidade não significa pressa: o ritmo apressado cansa. A intensidade não é alcançada pela velocidade, mas por certo *crescendo* dramático. É necessária uma breve introdução que capte a atenção e alerte para as partes do desenvolvimento; uma parte central em que se apresente um corpo sólido e interessante; e uma conclusão brilhante e rápida — melhor se for mais rápida do que o esperado.

O núcleo da exposição não deve ter mais que duas ou três partes curtas e intensas, claramente delimitadas. No centro, é preciso elevar-se. Toda a apresentação deve servir como uma preparação para essa decolagem, que por sua vez é o momento do raciocínio poderoso ou das exposições difíceis — supérfluas na introdução ou na conclusão. O momento central deve concentrar a atenção, e por isso exige um certo clímax. Como em peças de teatro ou filmes, é bom tentar dar um enredo e um pouco de suspense ao que está sendo apresentado, mesmo que sejam ideias muito sérias. Você pode, por exemplo, levantar uma pergunta segundo diferentes pontos de vista e aumentar a tensão em relação à resposta. Um pouco de teatralidade eleva o interesse e a eficácia da transmissão de ideias, mesmo que o assunto exija muita sobriedade.

Um princípio da retórica diz que "a melhor maneira de entediar é dizer tudo"; e, quando se tenta dizer tudo no final, é pior: produz impaciência e depois desespero. Devemos limitar o número de partes de uma exposição — como já dissemos — e também o número de ideias desenvolvidas em cada parte. Não se pode pretender focar em tudo, nem que tudo fique claro. Pode-se mencionar muitas coisas de passagem, mas as ênfases têm de estar bem marcadas nas três ou quatro ideias que se quer transmitir. Para o resto, já existem as enciclopédias.

O hispano-romano Quintiliano, em sua *De institutione oratoria*, fala dos cinco momentos que qualquer discurso deve ter:

a) *Invenção*: é a preparação do tema, a reunião de ideias. É bom preparar as coisas com bastante antecedência, mas sem fechar a forma no início, deixando as ideias surgirem e se relacionarem, aproveitando anedotas do dia a dia, leituras ocasionais, anotando o que pode ser útil.

b) *Disposição*: é o momento de reunir o material e ordená-lo, de pensar em quantas partes a fala será dividida e o que vai caber em cada parte. Em seguida, procura-se o "argumento" ou a linha de enredo que permitirá o *crescendo* e dará certo interesse ao que estamos a dizer. Com tudo isso faz-se um breve arcabouço, repetido até que tudo se encaixe. Prepara-se o início, o centro da argumentação e o final breve e brilhante.

c) *Elocução*: a hora de colocar as palavras e embelezá-las. Aconselha-se usar uma linguagem moderadamente culta, com exemplos, anedotas e detalhes humorísticos.

d) *Memorização*. Na retórica antiga, os discursos eram feitos de memória e existiam técnicas de memorização. Isso não está mais em uso, mas é bom se familiarizar com a distribuição do assunto e ensaiar, mesmo que brevemente, como ele será desenvolvido.

e) *Ação*, isto é, a encenação, com gestos, entonação e todos os detalhes da atmosfera, vestuário etc. Tudo é importante.

O tom de voz deve ser claro, límpido, com modulações. A postura deve ser solta, com um movimento natural dos braços. O olhar deve vagar espontaneamente pela plateia, sem se concentrar em uma única pessoa, para evitar constrangimento.

Em geral, não é aconselhável ler, mas às vezes é essencial, seja porque foi estipulado ou porque o assunto é muito complexo ou delicado. Nesse caso, é preciso fazer um esforço ainda maior para mudar o tom, fazer pequenos comentários e inserções bem-humoradas, olhar para o público, falar devagar, pular parágrafos (para o que é muito útil indicá-los previamente no texto)... Os textos escritos sempre tendem a ser excessivos. Por esse motivo, é muito útil calcular o tempo que exigirá e até mesmo fazer alguns testes para encurtar o que for necessário. Em geral, não é possível ler um texto com mais de vinte e cinco páginas (com dois ou três minutos por página).

Não se esqueça, ademais, de dar uma olhada no espelho para ter certeza de que tudo está no lugar: o terno, o penteado... Um detalhe fora do lugar pode atrair a atenção do público ou criar um efeito cômico. Os aspectos técnicos também não devem ser negligenciados: é essencial verificar o microfone, os dispositivos usados para projeção e a iluminação.

Como tudo o mais, isso também se aprende; e, por tratar-se de uma arte, começa com a imitação. Não há melhor escola do que ouvir os mestres. Pode ser útil ler alguns dos livros que existem sobre a arte de falar em público,[32] mas o seu aproveitamento será maior se a leitura acontecer após as primeiras experiências e os primeiros erros.

32 O livro *Cómo hablar en público*, de J. A. Vallejo-Nájera, é bem escrito e agradável, embora não seja completo. *Como falar em público e encantar as pessoas*, de Dale Carnegie, já mencionado, é bem conhecido; seu tom é popular e tipicamente americano. Em um tom mais sério estão os livros modernos sobre retórica, como o de K. Spang, ou os clássicos, como a *Retórica* de Aristóteles, o *De institutione oratoria* de Quintiliano ou o *De oratore*, atribuído a Cícero.

6

O senso de humor

1. O sério e o cômico

O riso é um dos signos mais atraentes e surpreendentes da condição humana. Explosão difícil de conter, ele é facilmente contagioso, anima a vida, quebra a monotonia, libera a tensão, protege a saúde mental, estimula a comunicação e nos permite compartilhar bons momentos.

Há o riso autêntico e outros fenômenos semelhantes. Há o riso das hienas, que nada tem a ver com o humor. Entre os humanos, há também o riso histérico causado pelo nervosismo. Há o riso forçado (para parecer confiante ao se apresentar, para mostrar que entendeu uma piada etc.). No entanto, o riso mais característico é aquele que irrompe e recompensa espontaneamente o cômico. Por que ocorre?

O humor é um fenômeno humano universal, acompanha nossa vida e adorna seus melhores momentos. Dificilmente prestamos atenção a ele, e no entanto é um fenômeno tão complexo que não foi possível classificá-lo segundo só uma teoria. Em parte, trata-se de um fenômeno que depende muito do indivíduo e de sua cultura. Porém, se fizermos uma análise superficial, deduziremos imediatamente que, quase sempre, o humor se baseia no paradoxo. Em todas as situações cômicas produz-se uma incongruência inesperada entre certo valor e um efeito grotesco ou desajeitado, algo que não se encaixa.

Charles Chaplin, que sabia algo sobre o assunto, disse:

> Trata-se da discrepância sutil que discernimos no que parece ser um comportamento normal. Em outras palavras: por meio do humor, vemos o irracional no que parece racional; o sem importância no que parece importante. Ele também aumenta nosso senso de sobrevivência e protege nossa sanidade. O humor faz com que nos sintamos menos sobrecarregados pelas vicissitudes da vida. Ativa nosso senso de proporção e revela que, por trás de uma seriedade exagerada, esconde-se o absurdo.[1]

O cômico explora o paradoxo entre as aspirações humanas e as abundantes limitações da existência. No fundo, estamos sempre rindo do quão pequenos somos. Se o resultado é muito melhor do que o previsto, não gera riso, mas se é muito pior, sim, principalmente para quem vê de longe, sem participar da decepção. Se confeccionamos um bolo com grande dedicação e, depois de muito cuidado, abrimos o forno e o bolo explode em nossa cara, enchendo a sala de restos, as pessoas ao nosso redor rirão por anos. Quanto mais entusiasmo e mais esforço forem empregados na confecção do bolo, mais cômico será o efeito.

---

1 Charles Chaplin, *Mi autobiografía*. Madri: Debate, Madri, 1989, p. 231.

A surpresa é um elemento importante. Por isso, uma das grandes fontes da comédia é o absurdo. É necessário também que o efeito seja grotesco, quer dizer, incongruente por ser excessivo, estranho e curioso. É bastante grotesco, por exemplo, abrirmos um armário de roupas e encontrarmos um pinguim, mas isso será mais engraçado na medida em que a surpresa ou o susto for maior.

As situações mais sérias e solenes, especialmente se forem teatrais ou convencionais, são propícias ao riso, pois aguçam o paradoxo: cerimônias oficiais, desfiles, premiações, recepções, funerais, casamentos, concertos... Surgem aí cabeças batendo ao se inclinar, chapéus caindo, roupas ficando presas, tropeços desajeitados, cadeiras que quebram, erros de fala, refrões desafinados, "galos" inoportunos, trompetes desafinados, participante que cambaleia por causa do álcool, a decoração que despenca...

Todos os homens têm uma certa habilidade teatral, a qual eles exercitam para se adaptar às circunstâncias. É por isso que nos tornamos sérios em situações que nos parecem sérias. E, como essa adaptação nunca é perfeita, cria-se um paradoxo latente. Ninguém se atreveria a rir no funeral de uma pessoa tragicamente assassinada e que desperta, na maioria, sentimentos profundos e coerentes de indignação ou pesar. Por outro lado, imaginemos que, em um funeral normal, sem conotações especiais de tragédia, um orador leia um discurso com expressões grandiloquentes e gestos excessivos. Esse exagero, por si só, criará uma situação cômica, e o efeito é acentuado por qualquer detalhe grotesco: por exemplo, se for obeso ou tiver um nariz muito grande, se seu cabelo ficar pra cima ou se usar óculos grossos, se pigarreia de maneira curiosa ou deixa escapar um cacoete verbal. Todos os detalhes pitorescos e inesperados tornarão a situação mais engraçada, e qualquer acidente provocará o riso: tropeços, soluços, lâmpadas explodindo repentinamente, papéis caindo... Isso sem falar naqueles detalhes mais excepcionais: se a manga do paletó descosturar quando intrepidamente levantar o braço, se errar o nome do falecido, se o topete se mover em um acesso de eloquência... Quanto mais formalmente sério for o contexto, mais cômico será o efeito, pois o paradoxo aumenta. De fato, o excessivamente solene, sério, patético ou sublime, na medida em que forçado ou convencional, é um cenário ideal para efeitos cômicos. O riso é uma forma de aliviar a tensão.

Nós sempre procuramos garantir que os acontecimentos se desenvolvam no contexto adequado: não é normal propor casamento à pessoa que amamos enquanto enfrentamos os empurrões de uma fila para entrar no cinema, ou descarregamos um caminhão, ou na frente de um garçom desdenhoso que demora para sair e atender outra mesa; antes, buscamos momento certo e o contexto exato. A decoração e a coreografia fazem parte da expressividade humana, mas, muitas vezes, não conseguimos nos posicionar adequadamente, ou um efeito inesperado estraga a cena. Seria lamentável, por exemplo, se o herói nacional fosse preso pela polícia inimiga quando estivesse no banheiro; mas isso pode acontecer, porque a vida é rica em eventos inesperados grotescos. É por isso que se diz, com razão, que da tragédia à comédia, ou do sublime ao ridículo, há apenas um passo.

Ninguém está a salvo do ridículo. Os chefes de Estado também tropeçam. Conta-se a história da situação difícil da corte romana no dia em que o fastuoso e despótico imperador Calígula caiu da escada na presença de toda a corte. Eles morderam os lábios até sangrar para não cair na gargalhada, o que teria sido extremamente contagiante e fatal para todos, porque o tirano não tinha nenhum senso de humor.

Não há dúvida de que a seriedade tem seu lugar, e há valores que a exigem. É necessário manter a compostura quando se trata de assuntos elevados. Mas não se deve exagerar. Não é possível ser sério demais nesta vida. Por um lado, nós, humanos, não toleramos "realidade demais"; a densidade nos deixa tensos: só podemos tolerar doses leves dela. Por outro lado, nossa vida é uma mistura de princípios sérios e trivialidades. No cômico, a vulgaridade de nossa condição recupera seu lugar de direito. É melhor perceber a condição humana e aceitá-la: é isso o senso de humor.

Carregamos conosco um paradoxo: temos um espírito capaz de valores sublimes e um corpo com todas as limitações da matéria viva. Isso dá origem a uma série de situações curiosas e divertidas. "Não há como suportar o corpo", escreve C. S. Lewis,

> se não reconhecermos que uma de suas funções em nossa vida é desempenhar o papel de bufão. Toda pessoa, homem, mulher ou criança, antes que qualquer teoria os tenha sofisticado, sabe disso. O fato de termos corpos é a piada mais antiga que existe.[2]

---

2 C. S. Lewis, *Los cuatro amores*. Madri: Rialp, 2008 (12. ed.), p. 113.

Como somos seres espirituais, podemos nos emocionar ao ouvir um grande orador, nos deixar levar pelo brilho de uma ideia, ser cativados por um relato, extasiar-nos ao contemplar uma paisagem, sentir-nos arrebatados pela beleza de uma composição musical; mas, como temos corpo, nada fará com que esses sublimes sentimentos durem indefinidamente: são apenas lampejos de transcendência. Nenhuma conferência é apaixonante quando se alonga. O público, que momentos antes foi arrebatado às alturas do espírito, desce bruscamente e começa a mostrar sintomas de impaciência quando o corpo lhe recorda seus direitos. O orador poderá notar nos olhos de seus ouvintes um lampejo de irritação quando comentar que ainda lhe resta "tratar um terceiro ponto". E, seja qual for o tema tratado e a categoria do orador, nenhuma conferência conseguirá ultrapassar sem graves perdas a hora da refeição. Somos uma piada ambulante.

De acordo com Bergson, o cômico aparece

> assim que a alma se mostra perseguida pelas necessidades do corpo. (...) Quanto mais mesquinhas forem essas demandas corporais e quanto mais uniformemente forem repetidas, mais saliente será o efeito cômico. (...) A lei geral desses fenômenos poderia ser formulada nestes termos: todo incidente que chama nossa atenção para a parte física de uma pessoa quando estávamos preocupados com seu aspecto moral é cômico. Por que um orador que espirra no momento mais comovente de seu discurso nos leva ao riso?[3]

3 H. Bergson, *La risa*. Valência: Ed. Prometeo, s/d, p. 65.

A falta de destreza (ser desajeitado) é cômica: quando se manejam as mãos, instrumentos ou veículos e a maçaneta se solta, os talheres ou a comida caem da mesa, os objetos se quebram quando tocados... O mesmo com certos acidentes, como tropeçar, cair ou ser atingido por objetos em queda. Além disso, quase todas as operações fisiológicas são cômicas, se forem desajeitadas ou feitas de maneira estranha. Os efeitos se somam: abrir bem a boca para comer uma batata enorme é engraçado, mas é mais engraçado se nos queimarmos com ela, e ainda mais engraçado se aquele que come for muito calvo, ou revirar os olhos, ou estiver vestido de maneira formal, ou for um ministro do governo, ou estiver em uma reunião muito distinta. Todos os efeitos são cômicos, a menos que pareçam ter sido preparados.

A fisicalidade excessiva e bizarra também tem um efeito cômico, a menos que seja repulsiva ou que transmita pena. Há algo de cômico na obesidade, mas também na magreza extrema, na calvície, no cabelo desgrenhado e em defeitos como gagueira, tiques e claudicação. Somos particularmente sensíveis ao tamanho e ao formato do nariz ou das orelhas. Também somos sensíveis a efeitos inesperados ou incongruências: um homem atlético com uma voz fina ou uma jovem delicada com a voz ou as expressões de um estivador.

O senso de humor faz parte da sabedoria da vida, dessas coisas importantes que, como já dissemos, não figuram nas enciclopédias. É uma maneira de aceitar a condição humana e nos ajuda a colocar os pés no chão da realidade: "Se és sábio, ri", disse o hispano-romano Marcial.[4]

2. Humor e benevolência

Às vezes rimos dos animais. Achamos engraçado, por exemplo, o susto de uma vaca apanhada desprevenida por uma buzina de carro, a distração de um cachorro que esbarra em um poste de luz ou o nervosismo de um gato que irritamos com um pedaço de biscoito, mas é porque percebemos neles gestos humanos que achamos familiares e divertidos. "O homem", diz Manuel García Morente, "é o único animal que desfruta de benefícios intelectuais; é por isso que também é o único que percebe seus defeitos e falhas e, portanto, o único que ri. E ri de si mesmo".[5]

Há um humor saudável que nasce de uma profunda compreensão da condição humana e que olha com simpatia para suas falhas e paradoxos. Mas há também um humor impiedoso que nasce do ressentimento e que se compraz com o mal de um próximo: alegra-se com sua queda, encontrando satisfação em denegri-lo ou em vê-lo rebaixado. Às vezes é inspirado pelo desejo de vingança; outras vezes é uma forma de se colocar acima do outro. Esse é o lado triste e cruel do humor: o sarcasmo que machuca e ofende.

---

4 *Epigramas*, II, 41.

5 M. García Morente, "El chiste y su teoría". *Revista de Occidente* 3 (1923), p. 364.

Este é um assunto delicado. Todo ser humano deseja ser tratado com respeito. Todos nós temos uma autoestima legítima, que é um componente necessário de nossa maturidade psicológica e que nos dá confiança para nos apresentar aos outros. É muito importante para nós que os outros nos reconheçam como pessoas confiáveis e que nos tratem com pelo menos a mesma consideração que têm por todos os demais.

Cometer um erro, fracassar, colocar-nos em uma situação cômica, é sempre um pouco humilhante. Ninguém gosta de fazer papel de bobo. Se formos muito autoconfiantes e o erro que cometermos for pequeno, não nos importaremos. Porém, se tivermos pouca autoconfiança, será doloroso; e, se com isso aumentar o desprezo dos outros, ainda mais. Somente os autoconfiantes conseguem lidar bem com piadas e com o ridículo. Isso deve ser levado em conta. É cruel se aproveitar de pessoas fracas ou fazer com que uma pessoa seja alvo permanente das piadas de todos. Isso lhes causa danos reais e injustos.

É inevitável fazer papel de bobo às vezes, e isso tem um efeito positivo em nossa vaidade. A burla, a piada, o tropeço engraçado nos lembram de nossa condição humana limitada e nos impedem de acreditar que somos excelentes demais. Temos uma facilidade extraordinária para nos enganar e, quando tudo vai bem, nos sentimos como pequenos deuses e nos damos importância excessiva. Um pouco de constrangimento nos traz de volta ao planeta Terra.

O humor requer um pouco de distância. Não há humor quando sentimos pena do que está acontecendo.

Bergson diz que "seu meio natural é a indiferença: não há maior inimigo do riso do que a emoção".[6] Mas isso talvez esteja muito na linha do humor cruel, que é o sarcasmo.

Pelo contrário, podemos ver facilmente que o afeto também se expressa fazendo brincadeiras ou, como dizemos em português, "tirando sarro". É uma manifestação de interesse. Nesse caso, não se quer fazer mal, mas compartilhar algo.

Um gesto de carinho que não brinca ou "provoca" um pouco é um carinho muito frio. É comum que as pessoas que se amam brinquem umas com as outras: os que se amam brincam e riem uns dos outros até conseguirem rir do fruto de seu amor. Com essas brincadeiras mútuas, testam um ao outro, convivem melhor, e o amor melhora. Graças também a essas piadas, não se permitem levar o outro muito a sério, corrigem suas pequenas vaidades e aborrecimentos e se tornam mais humanos e flexíveis. Se não fossem testados, tornar-se-iam inacessíveis e endureceriam. Por isso, é essencial levar brincadeiras e provocações sadias na esportiva.

É preciso tomar cuidado para que isso não deixe de ser algo gentil e construtivo, para que não se torne um suplício. Eis por que se deve evitar insistir demais nas mesmas críticas e ter tato para não magoar demais. E, quando se trata de um grupo de pessoas que vivem juntas, é preciso distribuir as piadas e evitar concentrá-las em uma só. Com efeito, se isso se tornar um hábito, o

---

6 H. Bergson, op. cit., p. 14.

que começa como uma piada amigável pode degenerar em uma insuportável tortura.

O bom humor requer afeição pela humanidade: olhar para todos com compaixão e compreensão, refletir sobre os demais e ver-se no lugar da pessoa que nos provocou o riso. Não se deve rir mais dos outros do que de si mesmo. Há um humor relacionado à inteligência e um humor relacionado à vulgaridade. A inteligência se diverte tirando faísca de tudo; a vulgaridade, atirando lama.

3. O cultivo do bom humor e do otimismo

O bom humor não resolve os problemas, mas pode remover o seu gosto amargo e tornar a vida mais suportável. Reduz as queixas, aumenta a vitalidade e é o melhor tempero da vida social. Ser jovial é um grande serviço às pessoas ao nosso redor. Um bom humor saudável é contagiante e beneficia o ambiente. Em parte, trata-se de um tom vital inato, mas também de uma disposição que pode ser cultivada. Assim como existem curtos-circuitos de amargura e mau humor, existem curtos-circuitos de simpatia e bom humor.

Para cultivar o senso de humor, antes de tudo é necessário certo distanciamento de si mesmo. Ninguém consegue rir bem do que está ao seu redor se não estiver disposto a rir um pouco de si... e deixar os outros rirem. Isso requer levar-se menos a sério. Homens que se levam a sério demais, que são excessivamente cheios de si, em geral não têm senso de humor e se ofendem facilmente.

Paradoxalmente, o desapego também exige certa autoconfiança, esse conhecimento de que a personalidade e a própria estima ou autoestima não são postas em jogo por uma pequena piada. É preciso levar-se a si mesmo a sério e, ao mesmo tempo, rir de si mesmo. Temos de encontrar um equilíbrio. Temos de nos livrar, na medida do possível, do medo excessivo de parecer ridículo, o que é um complexo típico dos adolescentes.

"Se rirem de você", escreve *Lord* Avebury,

> tente participar. Se fizer isso com gentileza, você vai virar o jogo e ganhará mais do que perderá. Qualquer pessoa gosta de um homem que consegue se divertir com uma piada sobre si mesmo, e isso justamente porque demonstra bom humor e bom senso. Não faça papel de bobo, se puder evitar, mas, se fizerem uma piada sobre você, ria de si mesmo, e você eliminará qualquer amargura possível. Se você rir de si mesmo, os outros rirão com você, em vez de rir de você.[7]

O propósito de viver divertindo e tornando a vida dos outros mais agradável nos leva a prestar atenção nas coisas engraçadas que nos rodeiam, que são sempre mais do que parecem. É preciso guardar os acontecimentos alegres que nos rodeiam a cada dia para contá-los às pessoas com quem convivemos. Assim se aprende a tirar proveito de tudo e melhora-se a convivência. Além disso, o efeito cômico sempre aspira a ser compartilhado.

É preciso um pouco de comédia para provocar ou ampliar o efeito cômico. Também não devemos ter medo de fazer um pouco de palhaçada. Na verdade, essa é uma

---

7 *Lord* Avebury, *The Use of Life*. Londres: Macmillan, 1916, pp. 31-32.

profissão ou ocupação muito digna, muito humana e muito necessária. É um erro pensar que devemos sempre nos comportar de maneira séria ou que devemos sempre ser levados a sério.

Apesar de todas as aparências, ou melhor, por causa delas, a vida se faz muito teatral, e é um tanto saudável se acostumar a vê-la dessa forma. O mundo é, em grande parte, como o título de Calderón: um grande teatro, uma comédia, uma farsa. É preciso rir um pouco dele. Não é falta de respeito, mas a atitude que melhor se adapta ao mundo. Muitas das coisas que parecem mais sólidas — de pensamento, de cultura, de fama — são meras encenações, construções de papelão extremamente frágeis, e nelas cada homem desempenha seu papel com um grau significativo de ficção e retórica. As cortinas mudam com uma velocidade impressionante. Não se deve levar muito a sério.

Perceber que a vida é uma comédia — com alguns elementos de tragédia — nos dá um distanciamento saudável, a distância certa para não vivermos no mundo da lua; nos liberta de viver como escravos em um mundo de aparências que os outros criam em boa ou má consciência; diminui as divinizações ilegítimas de autoridade, poder, fama ou dinheiro; e nos situa de uma forma muito mais real e repleta na vida. Dessa maneira de ver as coisas surge um humor existencial profundo e benevolente, cheio de gentil compaixão pelas coisas humanas e que é pura sabedoria.

O humor nos ajuda a interpretar o mundo e a ver o homem como ele é: uma mistura de grandeza e trivialidade, de sublime e de ridículo. Ajuda-nos a reconhecer, por trás de quase todas as situações humanas, aquelas pequenas paixões que são bem conhecidas e vulgares — orgulho, ganância, luxúria, inveja —, fornecendo-nos nisso uma excelente chave de interpretação. Ademais, nos obriga a ter em mente o principal paradoxo do que é humano, que é a morte, um ponto de referência constante na literatura picaresca; diante dela, quase todas as coisas humanas são efêmeras e serão levadas pelo tempo. Assim aprendemos a minimizar o que não é importante e a dar importância ao que a merece. Devemos tocar tudo com o diapasão do humor. Somente o que é verdadeiro resiste a ele. O resto soa oco.

O humor é útil para animar uma reunião de família e tirar a tensão de uma situação séria demais. Há toda uma arte em acrescentar um pouco de brilho e resolver momentos de tensão com um detalhe. É uma excelente saída para quando os tons se tornam trágicos demais, para quando surgem comentários amargos, para quando a violência verbal se manifesta, para quando há o perigo de ofender alguém: um toque de humor resolve tudo.

Os discursos e as palestras devem ser acompanhados de algum toque agradável. Isso é quase um dever. Basta introduzir inesperadamente algum comentário paradoxal, um pouco de ironia, uma lembrança ou anedota divertida, um jogo de palavras. Não se trata de cair na vulgaridade, que destrói o tom de uma aula ou de um discurso, mas de ter um toque de humanidade. Todos apreciarão isso. A ironia é um ótimo recurso pedagógico.

Na vida do intelecto, o humor também tem uma função terapêutica. Diz Álvaro d'Ors:

> A ironia é algo importante, especialmente para o estilo da inteligência universitária. Ela consiste precisamente em saber encontrar um caminho entre o verdadeiro e o falso que não é, porém, um meio-termo ou algo eclético, mas uma relativização humanizadora que nos permite continuar no caminho do intelecto com maior abertura, sem falsificar nada. Às vezes a ironia serve para tornar o bom senso possível.[8]

O senso de humor é a melhor maneira de reagir às peças que às vezes a vida nos prega: fracassos inesperados, surpresas com a saúde, os males da velhice... Temos de aprender a minimizar as contradições, e podemos fazê-lo justamente rindo delas. Falando de sua situação em um campo de concentração nazista, o psiquiatra Viktor Frankl escreveu: "O humor é outra arma com a qual a alma luta por sua sobrevivência. É bem sabido que, na existência humana, o humor pode proporcionar o distanciamento necessário para superar qualquer situação, mesmo que apenas por alguns segundos".[9] Ninguém poderá nos tirar os inúmeros bons momentos que tivemos e teremos.

O otimismo

O otimismo é um modo de se situar na existência, de ver as coisas e de abordá-las. Consiste em preferir

---

8 A. d'Ors, *Cartas a un joven estudiante*. Pamplona: Eunsa, 1991, p. 91.

9 V. Frankl, *El hombre en busca de sentido*. Barcelona: Herder, 1986 (7. ed.), p. 51.

sistematicamente ver o lado positivo. A velha história do copo pela metade é um poço de sabedoria. Diante do mesmo copo meio vazio, alguns insistirão em considerar, com tristeza, que já beberam metade dele; e outros, com alegria, que ainda têm metade para tomar. A realidade é exatamente a mesma, mas a maneira como é vivenciada é completamente diferente. O mesmo acontece em toda e qualquer circunstância da vida. Como disse Churchill: "O otimista vê uma oportunidade em cada calamidade, enquanto o pessimista vê uma calamidade em cada oportunidade".

Às vezes, essa é uma inclinação natural que por sorte recebemos, sem nenhum mérito de nossa parte. Algumas pessoas são naturalmente otimistas, como o famoso Micawer, de *David Copperfield*. Mas também pode ser uma questão de escolha, de optar por ver o lado bom das coisas. Depois de algum tempo, isso pode se tornar uma disposição adquirida que certamente ilumina a vida. Um conselho de poeta:

> Eu costumava sorrir no caminho para o táxi. A influência do físico sobre o moral é tal que o sorriso me levava ao bom humor que eu queria. Pense nisso! Se eu cerrar o punho e franzir a testa, terei pensamentos raivosos. Portanto, tenha uma atitude física adequada à atitude moral que você deseja. Se você olhar para o céu e juntar as mãos, pensará em Deus.[10]

O surpreendente é que isso pode ser alcançado. Assim como é muito fácil deixar-se levar, quase inadvertidamente,

10 Max Jacob, *Consejos a un estudiante*. Madri: Rialp, 1976, p. 96.

pela ladeira dos cínicos, dos desiludidos, dos ressentidos, desses que acumulam ao longo da vida todos os motivos de amargura e os guardam como se fossem um tesouro, existem outras pessoas que sabem fazer exatamente o contrário: retiram a negatividade de suas vidas e se lembram apenas do positivo. Elas têm a sabedoria de viver felizes.

4. O sentido da festa

Isso poderia parecer trivial, a menos que se observe um pouco mais de perto a cultura humana e se perceba que uma das atividades sociais mais importantes é aquela que leva à organização de festas para comemorar algo. A festa é um componente indispensável da vida social. Não se trata apenas do descanso que vem depois do trabalho — é muito mais do que isso. É o rito da celebração, que interrompe e quebra os ritmos ordinários para destacar algo. Se a vida não parar a fim de comemorar o que é importante, será consumida pelo tempo, que corre irremediavelmente.

As festas fornecem a estrutura do tempo humano. E isso acontece mais intensamente em culturas mais antigas, que foram e são mais festivas do que as nossas. Elas param mais e celebram mais o que lhes parece importante, dedicando-lhe um ou mais dias. Esses dias são os que dão a medida e a forma da vida autêntica, porque o resto, sujeito a rotinas e obrigações muitas vezes duras e pesadas, não pode ser considerado uma vida plena.

As festas e feriados têm um sabor de paraíso: não só porque não há trabalho, mas principalmente por causa da alegria, das brincadeiras e da vida em comunidade.

Por essa mesma razão, por ter certo sabor de paraíso, é necessário ter um senso de abundância. Na Espanha, costuma-se dizer que "é preciso atirar a casa pela janela". E isso expressa muito bem o excesso relativo que caracteriza a época de festas. Durante a época festiva decoramos mais, gastamos mais, abandonamos a medida cotidiana. Não importa se é um casamento ou um festival cívico. Deve haver manifestações de abundância, de falta de medida, algo surpreendente, incomum e extraordinário.

As festas são muito diversas, pois há festas religiosas, festas de aniversário, celebrações familiares e civis, homenagens acadêmicas, e assim por diante. Mas todas as festas geralmente têm três aspectos: o rito de homenagem, as demonstrações coletivas de alegria (ou tristeza, se forem fúnebres) e, quase sempre, o banquete. Às vezes, um desses elemento se faz ausente ou se disfarça. Em ambientes acadêmicos ou religiosos, por exemplo, as expressões comuns de emoção (alegria ou luto) podem ser limitadas a alguns gestos convencionais. Entretanto, assim que nos aproximamos das camadas populares, é inconcebível que haja uma festa sem uma explosão emocional. Se não pelos professores, então pelos alunos; se não pelo clero, então pelo povo. Não existe festa de verdade sem emoção, porque os seres humanos gostam de emoções, e elas serão muito mais fortes se forem compartilhadas. Uma festa sem emoção não é uma festa.

Não deixa de ser curiosa e simpática esta estrutura tão enraizada em nosso ser. Isto é, para celebrar, os humanos tendem a organizar um rito, comer juntos e se divertir em comunidade.

A homenagem ao motivo da festa assume sempre uma forma simbólica: procura-se um ambiente adequado, decora-se de forma extraordinária, reúnem-se pessoas, fazem-se discursos, entregam-se prêmios, placas e presentes, aplaude-se. Tudo é projetado para destacar o motivo mediante algo simbólico e efêmero, concentrado em um evento que dura apenas algumas horas. Há, portanto, algo de teatral nisso: requer cenários e coreografia. É preciso pensar e preparar as coisas para que fiquem "bonitas" e também, na maioria dos casos, para que resultem emotivas. Se não houver emoção, será inevitável a sensação de que presenciamos algo formal, "frio" e, acima de tudo, falso.

Nas festas alegres, que são a maioria, os divertimentos são organizados para promover a alegria comum. Diversão, como a própria palavra indica, significa um desvio do caminho normal, das rotinas diárias. Tem o aspecto de uma quebra no ritmo habitual. Naturalmente, isso atinge mais os jovens, que são menos capazes de resistir aos ritmos cansativos da existência, e os estratos mais humildes da população, que geralmente estão mais sujeitos às necessidades usuais da vida social e têm menos possibilidades de fazer algo extraordinário. Uma vida social sem risos em comum não é uma vida, é uma provação. Nenhuma vida social é agradável sem um ritmo de festividades em que nos divertimos juntos.

Divertir-se juntos é uma necessidade. Faz parte da saúde coletiva. Famílias, empresas e cidades precisam disso e o obtêm com jogos, brincadeiras e danças — também, geralmente, com um pouco de álcool. Isso é tão antigo quanto a espécie humana. É curioso que o álcool também esteja difundido em todas as culturas e que seja usado especialmente em festas. Algo dele se faz quase indispensável e é prometido até mesmo para o Reino dos Céus, como lemos na Bíblia. O puritanismo está errado nessa questão. O álcool faz parte da cultura humana e, em pequenas doses, é um excelente aliado da vida social. Eleva o humor, torna as pessoas mais falantes, facilita certa desinibição e as dispõe a participar, comunicar e rir com facilidade. É claro que é necessário ter moderação, pois o excesso tem efeitos incômodos, além dos sérios problemas sociais e de saúde que pode gerar caso se torne um vício.

Preparar tudo isso é uma arte: a coreografia da comemoração, o banquete, os jogos e as brincadeiras. Às vezes, diz-se que uma pessoa foi a "alma" da festa, em razão de sua simpatia, inteligência, espírito e bom humor. Há pessoas interessantes e espirituosas que, com sua mera presença, alegram uma reunião. Elas sabem como fazer as pessoas rirem com o que dizem, tiram o máximo proveito de tudo o que acontece e conseguem pensar em coisas engraçadas para fazer. Elas têm a sagacidade de surpreender e fazer as pessoas rirem com um pouco de excesso.

As festas têm seus ritmos. É preciso saber disso. Como tudo o que é vivo, elas nascem, se estendem e decaem até morrer. Depois de criar a atmosfera, é necessário sustentá-las, subindo e descendo em vários momentos, e terminar quando as coisas ainda estiverem animadas: *chiudere in belleza*, como se diz na Itália. Esperar que a festa desmorone por tédio ou cansaço é sempre um erro. É um final ruim, que lançará uma sombra sobre tudo o que foi vivido. É necessário saber como parar quando a festa ainda não esvaneceu. Eis o conselho de Gracián: "Deixar com fome. Deixe um resto do néctar nos lábios. (...) Todo excesso de prazer é perigoso: causa desdém pela eminência mais eterna. A única regra para agradar: capturar o apetite aguçado pela fome com que ficou".[11]

Por isso, as festas não podem ser multiplicadas ou repetidas até se tornarem rotina. Se houver excesso todos os dias, a festa será impossível. Nisto, as nações menos desenvolvidas têm uma vantagem. Podem comemorar com mais alegria porque qualquer evento extraordinário é suficiente. Por outro lado, a abundância diária e o excesso de estímulos significam que o ritmo normal não pode ser quebrado, e o tédio se instala. Quando não se reserva algo, não há festa. E isso funciona para as famílias e para qualquer tipo de sociedade.

11 B. Gracián, *Oráculo manual y arte de prudencia*, 299.

7

O dom da amizade

1. Um tesouro

Os clássicos consideravam a amizade um dos bens mais valiosos. Os testemunhos são muito numerosos. Assim, ouvimos Sócrates dizer: "Eu preferiria um amigo a todos os tesouros de Dario, tão grande é meu desejo de amizade".[1] E Aristóteles: "A amizade não é apenas algo necessário, mas também belo; de fato, elogiamos aqueles que amam seus amigos, e ter muitos amigos é considerado uma das melhores coisas".[2] "Santo e venerável nome", disse Ovídio.[3] E Cícero confessa: "Além da sabedoria, nada melhor foi dado ao homem pelos deuses; sem amizade não há vida digna de um homem livre",[4] e em outra ocasião difícil para ele: "No momento, não preciso de nada mais do que uma pessoa a quem eu possa comunicar o que me preocupa, alguém com bom senso que me estime e com quem eu possa falar com confiança, sem

1 Platão registra isso em *Lísis*, 211e.

2 *Ética a Nicômaco*, VIII, 1.

3 *Tristes*, 1, 8, 15.

4 *De amicitia*, 86.

fingimento ou dissimulação";[5] e Sêneca: "Nada é capaz de fazer desfrutar tanto o espírito como uma amizade fiel".[6] Na Bíblia, por sua vez, lemos: "Um amigo fiel é como um porto seguro; quem o encontra encontrou um tesouro. Um amigo fiel não tem preço, nem seu valor pode ser medido. Um amigo fiel é o remédio da vida; aqueles que temem o Senhor o encontrarão".[7]

Platão, em um de seus diálogos — o *Banquete* —, faz Aristófanes contar um antigo mito sobre a amizade, que remonta às origens do homem. Aristófanes diz que, no início, os homens — as almas — eram esféricos (os antigos tinham uma fraqueza pelo esférico, que consideravam a forma perfeita), mas comportavam-se mal com os deuses e, como castigo, foram cortados ao meio. Portanto, estamos todos em busca da metade que nos falta e nos completa. Embora a imagem da "cara-metade" tenha sido posteriormente transferida para o casamento, na realidade se referia originalmente à amizade. Uma amizade que também pode ocorrer no casamento.

O mito comunica a intensidade desse afeto. Horácio — e mais tarde Santo Ambrósio — falam do amigo como um *alter ego*, "outro eu";[8] Cícero se refere à "metade da minha vida" e Santo Agostinho, à "alma gêmea". Isso não era apenas retórica; carregava também a experiência da amizade. Em particular, Santo

5 *Carta de Cícero a Ático*, I, 18, cit. por A. Vázquez de Prada, *Estudio sobre la amistad*. Madri: Rialp, 1975, pp. 121–122.

6 *De tranquilitate animae*, VII, 3, em *Diálogos*. Madri: Tecnos, 1986, p. 291.

7 Eclo 6, 14–16.

8 *Odes* I, 3, 8.

Agostinho nos fala da imensa afeição que tivera por um amigo de sua juventude e da intensidade de sua dor quando a morte o separou dele:

> Com que tristeza meu coração se escureceu! Tudo o que eu olhava era morte para mim. Minha pátria era um suplício, a casa de meu pai, um tormento insuportável. Meus olhos o procuravam por toda parte, e ele não aparecia. Passei a odiar todas as coisas porque elas não o tinham.[9]

E adiante:

> Eu me espantava com o fato de outros mortais ainda estarem vivos quando havia morrido aquele a quem eu amava como se jamais viesse a morrer; e me espantava ainda mais com o fato de que, tendo morrido ele, vivesse eu que era outro ele. Horácio bem disse, falando de um amigo seu, que era metade de sua alma, e eu acreditava que a minha e a dele eram uma só alma em dois corpos. É por isso que eu sentia repulsa pela vida, porque não queria viver pela metade, como se estivesse dividido.[10]

A amizade é, sem dúvida, um dos dons mais excelentes da vida humana, uma verdadeira dádiva, uma bênção ao mesmo tempo fortuita e imerecida. O filósofo e ensaísta francês Gabriel Marcel desenvolveu toda uma filosofia do "encontro". Pensava que devia haver algo eterno nesses encontros em que a amizade começa e que nos proporcionam um bem tão excelente. Para Marcel, tais encontros não podem ser fruto do mero acaso.

---

9 *Confissões* IV, 4, 9.

10 *Confissões* IV, 6, 11.

"Para os antigos", diz C. S. Lewis em um ensaio maravilhoso, "a amizade parecia ser o mais feliz e mais plenamente humano de todos os amores: a coroação da vida e a escola da virtude. O mundo moderno, por outro lado, a ignora".[11] Talvez seja um exagero dizer que a ignora, porque existe um anelo generalizado de amizade. Todos desejam ter amigos e considera-se uma grande sorte tê-los, mas não se sabe muito bem como consegui-los. Parece uma loteria — provavelmente o é, em alguma medida. Mas também há algo que podemos fazer de nossa parte. Por isso cabe arte, como em qualquer outra coisa onde há liberdade. Será bom deter-se para pensar nisso.

Ao avaliar esses testemunhos de amizade devemos levar em conta duas coisas: em primeiro lugar, que os testemunhos escolhidos representam uma elite muito particular de homens excelentes e sábios; e, depois, que houve uma revolução na abordagem do ócio.

O mundo clássico era, na realidade, o mundo de uma minoria de homens livres servidos por uma multidão de escravos. Os escravos se dedicavam ao trabalho para atender às necessidades de sobrevivência, enquanto os homens livres se voltavam às tarefas nobres: a vida pública e o ócio, entendido como o cultivo do espírito e a busca da sabedoria. Para ambos, a companhia de amigos era vital: com os amigos é possível conversar, compartilhar e aprimorar os pontos de vista sobre a atividade política e a sabedoria da vida. Há uma razão pela qual a filosofia de

11 C. S. Lewis, *Los cuatro amores*. Madri: Rialp, 2008 (12. ed.), p. 69.

Platão se constituiu em diálogos, assim como uma parte considerável da filosofia de Cícero ou Sêneca.

Nossa civilização conseguiu se tornar uma civilização do ócio não por causa do aumento do número de escravos, mas por causa do domínio progressivo da matéria e da mecanização avançada dos processos de produção, que nos libertou do pesado fardo do trabalho manual e servil. A maioria da população tem um tempo livre considerável, se levarmos em conta os "vestígios do dia", para citar o famoso romance de Kazuo Ishiguro, e também os vestígios da semana, os calendários oficiais de festas e os períodos de férias. O surgimento maciço de "tempo livre" gerou a necessidade de preenchê-lo e deu origem a uma imensa indústria do ócio. Em primeiro lugar, a televisão, que oferece passivamente espetáculo e entretenimento; em seguida, os jogos de computador e outros programas interativos com realidade virtual, que prometem alcançar imenso crescimento.

Se compararmos essa situação com a dos clássicos, veremos que a dedicação às tarefas do espírito ainda é minoritária, de modo que o tipo de amizade de que eles falam também é minoritário. É difícil fazer uma grande amizade assistindo à televisão, uma vez que assistir à televisão juntos é apenas a soma de duas atividades individuais, sem nenhum outro relacionamento além de um comentário ocasional: a passividade necessária para acompanhar os programas impede qualquer outra coisa. E, em muitos videogames, joga-se individualmente.

2. Os elementos da amizade

A amizade, no sentido clássico, é uma afeição mútua que surge do compartilhamento de algum bem e leva à comunicação da intimidade. Portanto, é necessário distinguir dois elementos: um bem que é compartilhado e o afeto mútuo que surge do relacionamento e que tende a estender essa coincidência a outros aspectos. Por esse motivo, os bens compartilhados podem variar com o tempo.

Amizade não é o mesmo que camaradagem. É mais do que a simpatia que surge da sobreposição ou do compartilhamento de uma tarefa, ou de ter o mesmo horário de trabalho. É uma afeição mais profunda baseada em um espírito comum, que é mais exclusivo e distingue os amigos do grupo. Trabalhar no mesmo local pode ser ocasião para a amizade, mas também pode acontecer que não se descubra mais nenhum ponto em comum e ela não vá além do simples companheirismo. A amizade se forma por meio da descoberta de pontos em comum mais profundos em gostos, ideias, interesses, *hobbies* e projetos; e isso leva a outros aspectos da intimidade que também se manifestam pela busca de pontos em comum, ajuda e conselhos. C. S. Lewis o descreve com uma graça especial:

> A amizade surge do mero companheirismo quando dois ou mais companheiros descobrem que têm em comum uma compreensão da natureza de certas coisas ou determinados interesse, ou ainda um mero *hobby* do qual os outros não compartilham e que até então cada um

> acreditava ser um tesouro exclusivo. A expressão típica do início de uma amizade seria algo como: "Como?! Você também? Pensei que eu fosse o único".[12]

À medida que essas coincidências são descobertas, origina-se uma apreciação particular (que os latinos chamavam de *dilectio*) e uma confiança que facilitam a comunicação mútua da intimidade. Isso cria um vínculo especial, uma espécie de pacto implícito que obriga à lealdade mútua. A partir desse momento, essa outra pessoa destaca-se claramente do ambiente circundante e adquire um perfil muito mais preciso: já não é genericamente "um colega de trabalho", mas um amigo. Nele podemos perscrutar as profundezas do ser humano. E o tratamos não só com os bons modos e o respeito genérico que um "colega de trabalho" merece, mas com o amor que uma pessoa única e insubstituível merece. Lewis continua:

> Os amigos também farão coisas juntos, mas há algo mais interior, menos amplamente partilhado e menos fácil de definir; eles continuarão a caçar juntos, mas uma presa imaterial; continuarão a colaborar, sim, mas em determinados trabalhos que o mundo não percebe ou ainda não percebe; serão companheiros de estrada, mas num tipo diferente de jornada.[13]

Pode-se e deve-se ser um bom companheiro de todos, mas a amizade é, por natureza, seletiva. Não se tem com qualquer um: requer pontos em comum e origina uma confiança e um apreço especial. Justamente por isso, se

---

12 C. S. Lewis, *Los cuatro amores*, op. cit., pp. 79–80.

13 Ibidem, p. 78.

não se tem cuidado, os demais podem se sentir ofendidos, muitas vezes inconscientemente, por sentirem-se deixados de lado. As maiorias tendem a se incomodar com os grupos particulares que nascem em seu seio e facilmente têm a impressão de que estão a conspirar.

Cícero provavelmente estava pensando em uma amizade perfeita quando escreveu, em seu diálogo sobre o tema, esta definição que se tornou um clássico: "Concordância em todas as coisas divinas e humanas, acompanhada de benevolência e afeição";[14] e, mais tarde, acrescentou: "(...) sem qualquer necessidade e sem buscar qualquer interesse".[15] Assim, aparecem os quatro elementos fundamentais de uma amizade estabelecida: a coincidência, a comunicação da intimidade, apreço mútuo e o desinteresse.

1) O fundamento da amizade está na coincidência. Também Salústio, em uma expressão bem conhecida, diz que *idem velle, idem nolle ea demum firma amicitia est*: "Amar e rejeitar as mesmas coisas configura, finalmente, uma amizade firme".[16] A experiência ensina, entretanto, que esse acordo dificilmente alcança "todas as coisas divinas e humanas", como queria Cícero. Em geral é parcial, pois os amigos são diferentes, concordam em algumas coisas, mas discordam em outras. O nível de amizade depende da categoria do que é compartilhado. Geralmente são gostos e *hobbies*, pontos de vista sobre política, sociedade, a empresa em que trabalham...

---

14 *Laelius de amicitia*, 20.

15 Ibidem, 27, 100.

16 *Catil.*, XX, 4.

A amizade começa com uma coincidência fortuita sobre um assunto, mas depois geralmente há uma fase de análise, em que as pessoas que se conheceram questionam umas às outras e descobrem mais pontos de concordância. Trata-se de uma espécie de expansão: a coincidência inicial desperta a curiosidade de ver até que ponto o outro é realmente um *alter ego*, uma "alma gêmea", e cada nova coincidência suscita tanto uma surpresa divertida quanto o sentimento de que se é menos "único" no mundo. Nessa sucessão de coincidências, o apreço cresce e se consolida. No final, a amizade leva a compartilhar não apenas os interesses do início, mas também muita intimidade, muitos bons momentos e apreço mútuo.

2) O elemento fundamental da amizade consiste em compartilhar a intimidade, tornar-se íntimo. Assim a amizade é forjada. A intimidade é nosso mundo interior: o que pensamos, o que queremos, nossas aspirações (às vezes tolas), nossas inseguranças, nossas lembranças, nosso orgulho e nossos arrependimentos. Todos os homens sentem, ao mesmo tempo, a vergonha de tornar esse mundo conhecido e o desejo — até mesmo a necessidade — de fazê-lo, a fim de encontrar apoio e conforto. Sentimo-nos tímidos porque nos sentimos fracos e indefesos: temos medo de que o que é nosso seja maltratado pela boca de outras pessoas, que não sejamos compreendidos ou que riam de nós. Mas também temos o desejo de nos abrir, porque precisamos ser confirmados em nossas intuições, apoiados em nossas aspirações, aconselhados em nossas dúvidas e compreendidos em nossos fracassos.

> A necessidade de arejar os recantos da consciência é algo que constitui uma imperiosa necessidade psíquico-moral em momentos críticos (...); o desconforto íntimo do homem e sua incapacidade de guardar segredo é um dos ingredientes que fortificam o sentimento religioso, a submissão a seres superiores e a conversa íntima com amigos.[17]

A amizade se estabelece quando abrimos essa porta, o que representa um grande gesto de confiança. Depois, à medida que vamos nos conhecendo, com as respostas e confissões espontâneas, o que carregamos dentro de nós vem à tona. A amizade madura geralmente vai até o fundo; se permanecer um fundo escuro ou uma zona camuflada, isso produzirá um distanciamento que dificultará a relação. Talvez não seja necessário remover os estratos mais antigos e adormecidos da nossa consciência, mas queremos que sejam contadas as questões que continuam a sondar o nosso interior; buscamos apoio e compreensão e sentimos a necessidade de que o amigo nos aceite como realmente somos. Caso contrário, temos a impressão de que a amizade não é verdadeira e de que o outro aprecia uma pessoa que, na realidade, não somos nós.

3) Em terceiro lugar, há o apreço mútuo, que surge do relacionamento e se soma a muitas coisas: admiração pelas boas qualidades do amigo; gratidão por sua atenção; e, em especial, reconhecimento pela confiança que manifestou em nós. A amizade pressupõe certa plenitude e perfeição no amor e, portanto, proporciona muitas alegrias, porque o amor é a principal fonte de alegria humana. Às vezes é um pouco embaraçoso aceitar que somos amados,

17 A. Vázquez de Prada, *Estudio sobre la amistad*. Madri: Rialp, 1975, p. 224.

pois, quando estimamos muito uma pessoa, parece-nos que o afeto que ela tem por nós é imerecido. No entanto, a amizade precisa de correspondência.

Às vezes buscamos em animais de companhia — cães, gatos, bichos de estimação — o que somente as pessoas podem dar; e até certo ponto isso é alcançado, especialmente se não houver um remédio melhor. Mas a aspiração mais profunda da vida humana é amar e ser amado. É por isso que, como disse o próprio Camus, cujos personagens são frequentemente tão frios, "triste é apenas não ser amado, e infeliz é não amar". E vale a pena observar o contraste com o que Sartre chegou a dizer: "O inferno são os outros". Somente as pessoas são dignas de amor; e, na realidade, o amor é o tratamento que no fundo cada pessoa merece. Na amizade, isso, que é apenas uma aspiração, um projeto de plenitude, torna-se uma realidade, mesmo que esteja sujeito à precariedade das coisas humanas.

4) Por fim, o quarto elemento da verdadeira amizade é o desinteresse: *Nulla indigentia, nulla utilitate quaesita*, isto é, não querer satisfazer nenhuma necessidade, não procurar o lucro. São Tomás de Aquino, ao traçar uma distinção com relação a Aristóteles, diz:

> Nem todo amor pode ser considerado amizade, mas apenas aquele amor que pressupõe benevolência, isto é, quando amamos alguém de tal forma que queremos o bem para ele. Por outro lado, quando não queremos o bem para o que amamos, mas queremos o bem que ele significa para nós (...), não há amor de amizade, mas de desejo.[18]

---

18 *Suma teológica*, II-II, q. 23, a.1; texto de Aristóteles em *Ética a Nicômaco*, 1157b, 27–31.

Faz-se necessária uma grande generosidade, a qual inclui até mesmo aspectos sutis: amizade não é o mesmo que "a necessidade voraz de ser necessário" (C. S. Lewis).[19]

Os amigos multiplicam as nossas possibilidades, mas destruiríamos a amizade se procurássemos isso. Portanto, em geral é necessária certa igualdade de posição, poder e *status* entre amigos. A amizade pode ocorrer entre pessoas de posições muito diferentes, mas à custa de um esforço especial para superar as diferenças.

Há um tipo muito especial de amizade que é a amizade conjugal ou marital, baseada no compartilhamento de um aspecto das próprias pessoas que é o sexo. Isso lhe confere características peculiares, que a distinguem da amizade normal. Na amizade conjugal há outros elementos: o amor erótico e o afeto familiar, com base na comunidade da vida e do destino.

> Os amantes se encaram, absorvidos um pelo outro: são dois amigos lado a lado, absorvidos em algum interesse comum. Sobretudo, enquanto dura, o Eros necessariamente se faz presente entre os dois.

Mas dois, longe de ser o número necessário para a amizade, não é nem mesmo o melhor.

> Portanto, a verdadeira amizade é o menos ciumento dos amores. Dois amigos ficam felizes quando um terceiro se junta a eles.[20]

---

19 C. S. Lewis, *Los cuatro amores*, op. cit., p. 63.

20 Ibidem, p. 73.

O sexo é uma realidade tão forte e tão avassaladora que dificilmente pode ser colocado entre parênteses no relacionamento entre um homem e uma mulher, a menos que seja excluído por alguma razão poderosa: por exemplo, idade ou compromissos. Porém, se estiver presente em uma amizade, imediatamente ocupa o centro e desloca os outros elementos: é o interesse hegemônico, que obscurece os outros com os quais coincide e concentra a comunicação da intimidade em si. Por isso é difícil haver uma amizade muito íntima entre um homem e uma mulher fora do relacionamento conjugal. É possível coincidir, é possível ter um relacionamento amplo dentro de um grupo, mas um relacionamento exclusivo e particular exige um equilíbrio bastante difícil de manter, a menos que haja circunstâncias excepcionais. É por isso que a amizade geralmente surge entre homens ou entre mulheres. Tanto homens quanto mulheres compartilham seus interesses separadamente, os quais, além disso, costumam ter orientações diferentes. Embora seja um tanto clichê, não é errado dar o exemplo de que amigas mulheres preferem fazer compras e amigos homens preferem pescar; de que uns falam sobre política e outros, sobre família; de que uns se concentram mais em ideias e outros, em pessoas.

A amizade normal pode ser acrescentada à amizade conjugal, mas geralmente fica em segundo plano. Compartilhar a vida revela outras coincidências de gostos, interesses, *hobbies*, aspirações e projetos, os quais contribuem para enriquecer a vida conjugal. Contudo, nada disso é essencial. Também existe amizade entre irmãos e entre pais e filhos, mas é algo diferente e acrescentado ao amor familiar, aos sentimentos de paternidade, maternidade e filiação. E segue as mesmas regras que vimos.

3. A prática da amizade

É compreensível que, por ser um bem tão grande e altamente elogiado, todos queiram ter amigos, e há até livros famosos dispostos a ajudar. Mas essa é uma questão muito difícil, porque a amizade, como já dissemos, é um presente imerecido e uma surpresa fortuita. Não pode ser alcançada por nenhuma técnica, pois tem aspectos espontâneos e incontroláveis, como gostar um do outro, sentir admiração e apreço e descobrir coincidências inesperadas. Entretanto, existem algumas qualidades que, embora não gerem amizade, são pré-requisitos para que ela aconteça.

Em primeiro lugar, a simpatia, isto é, ter uma opinião favorável e positiva sobre o ser humano e uma atitude aberta, propensa ao diálogo e à descoberta do outro. As pessoas que são indiferentes, que se afastam das demais por timidez ou desconfiança, impedem a amizade. É óbvio que, quanto mais aberto for nosso caráter, quanto mais olharmos para os outros com apreço e simpatia, mais fácil será estabelecer um relacionamento que possa se transformar em verdadeira amizade. Para começar, é necessário ter interesse em acessar os outros e ser acessível.

Ajuda muito ser uma pessoa educada, comportar-se bem, ser polido, respeitar a opinião dos outros e, principalmente, interessar-se pelos interesses alheios. Acima de tudo, ser uma pessoa que se interessa pelas circunstâncias das pessoas ao seu redor, que sabe como fazer as pessoas falarem e que fala com franqueza e simplicidade, até mesmo sobre os próprios assuntos, mas em segundo plano. Ser franco, agradável e jovial ajuda muito, mas é preciso ter cuidado para não falar demais: a verbosidade afugenta as pessoas.

A verdadeira amizade exige qualidade, pois somente as coisas boas são amadas. A amizade requer certa admiração mútua; algumas qualidades e habilidades podem atrair, mas a qualidade que fundamenta a amizade é a nobreza: ser realmente bom — o que não é o mesmo que ser tolo. Como já ensinava Aristóteles, a amizade só existe entre pessoas boas; entre pessoas corruptas só há espaço para alianças instáveis, movidas pelo interesse próprio. O pacto de vantagens mútuas as torna comparsas, mas não amigas, porque sabem que, no fundo, não podem confiar umas nas outras. Em relação às pessoas desonestas, podemos sentir misericórdia e podemos exercer a caridade, mas não pode haver amizade verdadeira. A amizade se dá sempre em pé de igualdade e entre pessoas boas, pelo menos até certo ponto.

A amizade é fomentada pela evidência de apreço pessoal. Nós nos sentimos obrigados a atender a pessoa que é capaz de se comportar bem conosco não apenas com uma cortesia, mas com um presente pessoal. Esses são os detalhes admirados e merecidos: aqueles que envolvem esforço e sacrifício. Todo amor é testado e aprimorado pelo sacrifício, assim como a amizade. Quando percebemos que alguém fez algo especial por nós, isso nos conquista: sentimos atordoamento e gratidão, bem como o impulso de retribuir. Nesses detalhes a qualidade moral de outra pessoa é revelada, e geralmente eles são o início de uma amizade duradoura.

Mas não é preciso ficar nervoso esperando um sucesso imediato. Estamos falando de um tesouro raro: não se pode forçar. Por mais desejos que se tenham, a amizade não surge necessariamente com qualquer um. É possível esforçar-se para tratar bem a todos, mas não se consegue ser realmente amigo de todos, porque, para a amizade, é necessário um grau de afinidade, de coincidência de interesses e de intimidade que muitas vezes não ocorre. Não precisamos nos impacientar se não chegamos a um trato muito profundo com a primeira pessoa que encontramos. As amizades são fruto da constância e levam tempo.

A amizade precisa de algum ponto em comum: alguma atividade, algum interesse ou, pelo menos, algum *hobby*. Lewis coloca isso de forma bem-humorada:

> Portanto, aqueles seres patéticos que só querem ter amigos nunca conseguirão nenhum. A condição para ter amigos é querer algo mais do que amigos. Se a resposta honesta à pergunta: “Você vê a mesma coisa que eu?” fosse: “Eu não vejo nada, mas isso não importa, porque o que eu quero é ter um amigo”, não haveria amizade, embora pudesse surgir alguma afeição; não haveria nada “sobre” o que construir a amizade, e a amizade deve ser construída sobre algo, mesmo que apenas um gosto por dominó ou ratos brancos. Aqueles que não têm nada não

> podem compartilhar nada, aqueles que não estão indo a lugar algum não podem ter companheiros de viagem.[21]

O âmbito normal para fazer amigos é o trabalho, a coincidência em nossas atividades diárias ou frequentes, as esferas de relações sociais, as relações familiares ou a coincidência de uma vizinhança. Isso oferece muitas oportunidades para descobrir afinidades. É normal que, por ocasião de reuniões de trabalho, nos interessemos pelas pessoas ao nosso redor e conheçamos suas circunstâncias pessoais: sua história, sua família, seus *hobbies*.

É importante perceber que o problema da amizade, tanto para nós como para os clássicos, é um problema de ócio. Com efeito, o campo possível para a amizade nas sociedades modernas são os esportes e, em geral, os *hobbies*. Naturalmente existem outros campos: realizar tarefas comuns — por exemplo, o voluntariado — e, como no caso dos clássicos, partilhar sabedoria, mas isto continua sendo minoritário.

4. Deveres e provas de amizade

A amizade, como todo amor, compromete, e compromete muito. Ao mesmo tempo, as observações que Camus coloca na boca de seu curioso e cínico personagem Jean Baptiste Clamence são reveladoras:

> Preciso de sua simpatia. Vejo que essa afirmação é estranha para você. Você nunca sentiu uma necessidade

21 C. S. Lewis, *Los cuatro amores*, op. cit., p. 78.

> repentina de simpatia, de ajuda, de amizade? Tenho certeza de que sim. Mas aprendi a me contentar com a simpatia. É mais fácil de conseguir e não compromete nada (...). Trata-se de um sentimento de presidente de conselho: é obtido a preço de banana depois das catástrofes. A amizade é menos simples. É longa e difícil de conquistar, mas, quando você a tem, não há como se livrar dela, é preciso enfrentá-la.[22]

Toda amizade é um compromisso, um pacto que provavelmente nunca foi expresso, mas que tem pelo menos três requisitos: o trato, a lealdade e a ajuda mútua.

1) A amizade nasce de um interesse compartilhado. Portanto, para manter a amizade, é necessário continuar a compartilhar o que já se compartilhou. É por isso que os amigos, quando estão separados, precisam buscar maneiras de se atualizar um com relação ao outro sobre as mudanças em suas circunstâncias de vida, sobre novas ideias ou aspirações. E é considerado prova de amizade comunicar-se nos momentos mais tristes e nos mais felizes. Às vezes, os amigos se tornam extraordinários nesses momentos. É uma das coisas mais bem-vindas. É o compartilhamento das principais tristezas e alegrias o que geralmente pontua o curso de uma vida.

2) A amizade gera deveres de lealdade. Um verdadeiro amigo é aquele que não se envergonha do outro em nenhuma circunstância, que sempre o defende, que sempre fala bem dele. Consideraríamos uma traição dolorosa saber por terceiros que um amigo nosso nos criticou desnecessariamente e sem justiça, ou que zombou

22 A. Camus, *La chute*. Paris: Gallimard, 1987 [1956], p. 35.

de nós, ou que falou de nós sem apreço e com distanciamento. Também é considerado falta de lealdade se revelou, por zombaria ou para seu próprio benefício, aspectos de nossa intimidade que ele conhece por causa do relacionamento particular que teve: a amizade exige reserva do que foi confiado. Essas são feridas graves que romperiam imediatamente a amizade.

3) Entre os compromissos da amizade está a ajuda. Naturalmente, a ajuda em momentos ruins sempre foi considerada uma prova de amizade verdadeira. Falo da ajuda oferecida sem nenhuma relutância: "O sinal da amizade perfeita não está em prestar um favor quando surge a dificuldade (pois naturalmente se presta), mas em que, uma vez prestado o favor, ele não faça a menor diferença".[23] A pessoa deseja ajudar e ajuda com prazer, sem cobrar a fatura.

Ajudar também é melhorar um ao outro. O amor, da mesma forma como deseja o bem alheio, também quer ver o outro livre de seus males. É por isso que é exigente e estimulante: testa, corrige e incentiva o aprimoramento. Os outros nos conhecem melhor do que nós mesmos porque nos veem objetivamente, de fora. Não há espelho para a alma, e é para isso que servem aqueles que nos amam: são eles que muitas vezes nos salvam do ridículo, pois nos fazem ver que algum detalhe de nossa aparência externa — gestos, roupas, manias —, nossa maneira de falar ou de nos comportar, não nos convém; e nos mostram aqueles defeitos e vícios de nosso caráter

23 C. S. Lewis, *Los cuatro amores*, op. cit., p. 81.

que nos prejudicam. Dizem-nos o que talvez ninguém se atreveria a nos dizer.

As verdadeiras amizades nascem para ser eternas. *Amicitiae immortales, mortales inimicitiae esse debent*: "As amizades devem ser imortais e as inimizades, mortais", diz Tito Lívio.[24] Mas, como Aristóteles advertiu, elas podem se perder quando se perde o trato ou a virtude. A amizade desaparece quando se perdem os motivos de admiração e respeito que a fundamentaram: não se pode amar o que não é bom.

A amizade também pode se perder por negligência, por falta de atenção. Em outras ocasiões, o obstáculo é a distância, as vicissitudes da vida que nos fazem mudar de lugar. Nesse caso, é necessária uma atenção especial. A convivência humana, que — não devemos esquecer — se desenvolve, se expressa e se mantém ao longo do tempo, precisa de detalhes: o envio de um livro, uma mensagem, um cartão postal, saudações.

O Cardeal Newman, grande humanista inglês do século XIX, um homem bastante reservado mas de extraordinária estatura intelectual e humana, tinha um grande número de amigos e mantinha suas amizades sobretudo por correspondência: mais de dez mil de suas cartas estão preservadas. Naturalmente, ele foi ajudado por seus dons intelectuais excepcionais: tinha muito a dizer e a compartilhar.

---

24 40, 46, 12.

8

Honestidade

1. A honradez

A honradez é a perfeição moral do ser humano. E, como confirma a experiência, ela se caracteriza por duas coisas: externamente, por uma dedicação acentuada aos próprios deveres; internamente, por uma exigente retidão de consciência.

Ao compreender este fenômeno, é preferível olhar para os exemplos conhecidos em vez de se deixar levar por considerações teóricas. Portanto, é bom reconhecer o fenômeno e ir, pouco a pouco, às suas profundezas.

A característica mais visível de uma pessoa honesta costuma ser uma grande dedicação aos deveres, especialmente ao trabalho e à família. Em tempos normais, esse espírito de trabalho geralmente também produz solvência e independência financeira. Além disso, sempre produz uma austeridade natural e espontânea. Em sua dedicação aos outros e ao trabalho, essas pessoas estão acostumadas a conceder pouco a si mesmas.

Em um nível mais interno, há um aguçado senso de justiça, o qual assume uma série de manifestações muito claras. Em primeiro lugar, a honradez leva ao cumprimento fiel dos acordos, à admissão da responsabilidade pessoal por tudo o que foi feito, ao reconhecimento das próprias falhas e à aceitação de suas consequências. Os honrados são homens e mulheres de palavra: se dão a palavra, dão-se a si mesmos. Manifestam-se como são. Detestam a falsidade e as aparências. Ficam indignados quando percebem dissimulações, artimanhas e enganos em outros.

Além disso, as pessoas com essa nobreza de espírito têm um senso aguçado de solidariedade na comunidade em que vivem e sentem as tragédias dos outros como se fossem suas. Estão dotadas de um senso aguçado de equidade, com o qual sempre julgam o próprio papel, e não se sentem confortáveis enquanto não assumem a sua parte nos encargos da comunidade. Elas sustentam os próprios fardos com generosidade, tendem a ser gratas e a retribuir favores. Não tiram proveito de situações vantajosas, nem em particular nem em público, e sentem repulsa pelo uso de privilégios, por quem se coloca acima dos outros e chama atenção para si mesmo.

As pessoas honradas não agem por obrigação, por hábito ou pelo que as pessoas vão dizer, mas por convicção e por um imperativo interior. A honradez é uma força que vem de dentro. Essas pessoas não se veem agindo de outra forma. Muitas vezes, esse senso aguçado de dever e justiça é fruto de uma profunda religiosidade. Mesmo quando esse não é o caso, o mandamento do Evangelho de amar o próximo brotam para elas naturalmente. Os conselhos cristãos de compreensão e misericórdia encontram um eco particularmente profundo nessas personalidades.

O alcance da honradez

A honradez, como toda excelência, não é abundante, mas também não é rara. Pode surgir em todos os ambientes de trabalho, em todos os estratos das sociedades humanas e em todas as culturas. Embora não possa ser medida, é facilmente apreciada. Geralmente floresce na maturidade, fruto de provações e de uma dedicação ao trabalho e às obrigações familiares e sociais. Causa um efeito muito atraente e inconfundível de solidez e estabilidade, de domínio e serenidade. Não é fácil fingir quando não está lá, nem se esconde quando é genuína.

E é um tesouro para a humanidade, pois expressa o melhor do ser humano. A qualidade humana de uma sociedade se define, em grande parte, pelo grau de disseminação dessa virtude. E, mesmo que seja apenas de alguns, ela serve como diretriz para o comportamento geral. O conhecimento e a formulação da conduta moral em todas as culturas antigas, antes de serem teorizados, estão ligados ao comportamento exemplar dos melhores.

Essas personalidades são, na maioria das vezes, forjadas em tempos difíceis e tornam-se escassas quando a vida é fácil e agradável demais, pois precisam ser incentivadas pelo sacrifício e pelo impulso de uma forte motivação. São características de homens e mulheres que, devido às suas responsabilidades, estão acostumados a superar o próprio egoísmo. Aqueles que se encontram na posição de ter que ajudar os outros geralmente dão o melhor de si. Esse parece ser, salvo as convicções religiosas, o impulso fundamental e mais frequente. Por outro lado, o oposto é o egoísmo de buscar e preferir o próprio prazer ou vantagem.

Essa nobreza de caráter é facilmente encontrada em sociedades pequenas ou no mundo rural, de modo particular em algumas figuras patriarcais e matriarcais. As sociedades pequenas são como um campo experimental da humanidade, porque todos os personagens se acham nelas de forma mais vívida e contrastante. Em ambientes rurais, podem brilhar personalidades perfeitamente integradas, que dominam seu ambiente e desempenham um papel importante nas tarefas sociais e nos deveres familiares.

Como diz o ditado, "crê o ladrão que todos estão na sua condição". E, de fato, cada pessoa tende a ser medíocre quanto aos requisitos comportamentais que aprecia em seu ambiente: procura não exagerar nem de uma forma, nem de outra. Por outro lado, as pessoas com uma pele mais fina se destacam, não abrem concessões morais e quebram o equilíbrio mesquinho, estabelecendo o melhor como meta humana. São, portanto, um estímulo moral para todos. Isso é percebido como bom para aqueles que querem melhorar e muito incômodo para aqueles que não o querem.

Esse tipo de comportamento é um testemunho de que, ao lado do agradável e do útil, há o honesto ou o nobre. Aristóteles resumiu toda a ética, toda a ciência do comportamento humano, nesses três conceitos. Por um lado, há o que agrada e satisfaz nossos desejos. Por outro, há o que é útil para nossos interesses. E há aquilo que é bom em si mesmo: aquilo que merece ser feito simplesmente porque é nobre e digno do homem, sem trazer qualquer benefício além disso. Pois a honestidade não consiste em outra coisa senão colocar o bem acima de nosso benefício e de nosso prazer. Trata-se de uma descoberta, de uma abordagem diferente da vida.

2. A vergonha e o senso de decoro

A vergonha moral

As expressões "não ter vergonha" ou "ser um sem-vergonha" fazem alusão a algo peculiar. O sem-vergonha é aquele que não se importa em cometer erros: perdeu a vergonha a tal ponto que deixou de sentir-se mal. Isso remete a um fenômeno moral muito importante. As pessoas normais têm "vergonha" de cometer erros. Acham horrível que outros os vejam. Mas também sentem-se mal interiormente. Não é apenas questão de guardar as aparências externas.

Os homens honrados têm tão incorporado o sentido do que é reto que agir contra ele parece-lhes repugnante. Isso os afeta tão intimamente que causa rubor e perturbação. Um homem honrado não se vê cometendo uma ação injusta. Ele se rebela contra essa ideia. Sente que joga fora o melhor de sua vida. As pessoas mais honradas sentem-se especialmente incapazes de roubar, mentir ou fraudar.

Mas a honestidade tem muitas outras manifestações. O homem ou a mulher honestos se sentem especialmente constrangidos por manifestações de egoísmo. Sentem repulsa por mentir ou quebrar a própria palavra. Têm vergonha de agir para obter ganhos egoístas; evitam ser elogiados por seus atos; sentem-se desconfortáveis se não ajudarem; e são constantemente movidos a dedicar suas energias a fins altruístas. Tudo isso não é pensado, mas intensamente sentido. Essas são manifestações de uma afetividade humana muito bem desenvolvida, que tem uma forte influência sobre o comportamento. A nobreza obriga.

Desde a tradição romana, que era muito sensível, esse fenômeno — esse senso moral interno — é chamado de senso de decoro e honestidade. É como uma proteção, um tipo de senso intuitivo e imediato do que é digno e indigno de um homem. Também é chamado de modéstia, mas esse nome geralmente é reservado para a repugnância natural sentida diante da baixeza sexual.

Há um pudor próprio em relação ao sexo. A paixão sexual é uma das mais aparatosas, e sua força sempre surpreende e confunde a pessoa que quer ser honrada. A violência do sexual e a baixeza e vulgaridade de muitas de suas desordens geram um sentimento de incômodo, uma vergonha particular que se chama pudor. Existe, no entanto, um amor sexual honesto, que se sente nobre, porque vai integrado a uma relação pessoal e acompanhado de ternura. É o próprio de uma boa relação matrimonial.

Em todas as culturas e em todos os ambientes humanísticos tenta-se desenvolver esse instinto de honestidade na educação moral das crianças. Isso é feito apontando a elas o que é digno do ser humano e o que não é por meio de gestos de aprovação e repulsa, de modo a que elas aprendam a amar o que é bom e a sentir repulsa pelo que é ruim mesmo antes de terem o uso da razão e poderem fundamentar seus critérios morais.

A honestidade é um produto da natureza humana e, embora tenha de superar muitas dificuldades, mostra-se tão forte que emerge repetidamente no quadro humano. Em todo homem normal há uma inclinação inata para esse comportamento, por mais que ele possa ser alterado pelas circunstâncias de sua biografia. E todo homem ou mulher moderadamente bom é sempre movido e levado por manifestações de honradez.

A nobreza

Em todo o Ocidente e em algumas partes do Oriente, como no Japão,[1] as boas maneiras quase sempre tiveram um ar cavalheiresco: pertencem a damas e cavalheiros. Aqui não estamos interessados no que possa haver de excesso, orgulho, esnobismo ou pedantismo nessas coisas. Estamos interessados apenas no que é autêntico. E nos ideais cavalheirescos devemos reconhecer qualidades específicas de nobreza, ou seja, qualidades que enfatizam e demonstram a dignidade do homem.

1 Na China tradicional, devido ao confucionismo, os "bons modos" pertencem à educação dos funcionários (mandarins) e têm um caráter civil, enquanto, na Índia, estão relacionados com o bramanismo e têm um caráter religioso.

Assim, tem sido considerado próprio dos cavalheiros:

- Nunca faltar com a palavra dada.
- Saber dominar-se em todas as circunstâncias: a raiva, o medo e o nervosismo.
- Responder pelos próprios atos.
- Não trapacear nem no jogo, nem nos negócios.
- Nunca trair os amigos, nem falando mal deles, nem abandonando-os.
- Não falar mal de quem não está presente, nem permitir que o façam.
- Ser genuíno ao agradecer os serviços prestados.
- Não se curvar à arrogância dos outros.
- Não tolerar abusos contra os mais fracos e defendê-los, como Dom Quixote.
- Entregar-se generosamente aos grandes valores da humanidade.
- Ter objetivos elevados e não buscar interesses próprios.
- Ser magnânimo, ter uma grande alma para amar e empreender.

A "grandeza de alma", resume Gracián,

> é um dos principais requisitos para o herói, uma vez que inflama todos os tipos de grandeza: aprimora o paladar, amplia o coração, eleva a mente, enobrece a condição e aumenta a majestade. Onde quer que se encontre, sobressai (...). É reconhecida como a fonte da magnanimidade, da generosidade e de todo ato heroico.[2]

2 *Oráculo manual y arte de prudencia*, 128.

Por outro lado, são considerados ignóbeis:

- Todas as manifestações de egoísmo.
- Temer as consequências dos próprios atos.
- Submeter-se à pressão do entorno.
- Agir em massa, anonimamente, sem responsabilidade pessoal (atirar a pedra e esconder a mão).
- Não ter palavra (não poder dá-la).
- Ser mesquinho: não saber agradecer, nem se empenhar em ideais.
- Ter aspirações estreitas e elementares.
- Agir apenas por interesses pessoais (bens, dinheiro, posição).
- Vender-se (mudar a forma de pensar ou de fidelidades) por interesse.
- Trair um amigo e falar mal dele.

O senso de decoro

O senso de decoro, de decência ou vergonha moral coincide bastante com os ideais cavalheirescos que acabamos de ver, mas com maior profundidade moral. Acima de tudo, é caracterizado por:

- Um acentuado amor ao dever, que é colocado acima dos gostos e satisfações pessoais. O sujeito não se imagina deixando de cumprir suas obrigações profissionais, familiares ou sociais.
- Um senso de fidelidade aos compromissos assumidos e à palavra dada: no casamento, nos contratos,

nas obrigações adquiridas por meio da participação em empresas etc.

- Um senso aguçado de justiça, do que é certo, do que deve ser feito e do que não pode ser feito de forma alguma. Adquire-se um instinto muito apurado para perceber quando os direitos dos outros estão sendo violados e quando determinada conduta é inaceitável por esse motivo. Essas pessoas são incapazes de trapacear, mesmo por boas razões, e vivem perfeitamente o princípio moral de que o fim nunca justifica os meios.
- Um amor à verdade. Eis uma característica dos homens nobres, que são incapazes de mentir, mesmo nas pequenas coisas, por brincadeira ou por diversão. Isso os confunde e os envergonha: ou ficam calados, ou dizem a verdade.
- Um espírito de serviço. Os que têm senso de decoro são atraídos por ideais de serviço; sentem-se motivados a gastar as energias da vida em valores nobres; e sentem profunda vergonha de todas as manifestações pessoais de egoísmo.
- Uma atitude esportiva diante da vida, um espírito de autoaperfeiçoamento otimista, combativo e perseverante, que sabe enfrentar os problemas com coragem, lidar com os reveses e perder. Considera-se indecoroso ser covarde diante dos problemas ou sucumbir por não conseguir suportar o sofrimento, as contradições, o cansaço ou o tédio.

3. A consciência e a ordem dos amores

A honradez surge da entrega pessoal; é a vitória sobre o egoísmo. Isto é fruto da opção, uma vez após outra, pelo dever antes do gosto ou da vantagem pessoal. Esta honrada decisão vai despertando, como a difusão de uma onda, toda a personalidade.

O prazer, a vantagem e o honrado

Como vimos, Aristóteles fez uma análise precisa deste ponto. Algumas coisas nos atraem porque nos dão prazer, uma satisfação imediata de nossas necessidades ou desejos (comer, beber, conforto, sexo, bem-estar etc.). Outras, porque nos dão algum tipo de vantagem, aumentam nossa riqueza, elevam nosso poder ou fama — em suma, reforçam nosso eu em algum sentido. Finalmente, há coisas que percebemos que devemos fazer porque são boas. Elas não nos atraem da mesma forma como o prazer ou a vantagem. Sentimo-nos obrigados a isso por deveres e responsabilidade, e também inclinados a fazer o bem (ou impedidos de fazer o mal) pela estima que temos pelos ideais de conduta moral, na medida em que queremos ser pessoas íntegras.

A vida constantemente coloca as pessoas em situações de conflito moral no que diz respeito a esses três tipos de motivação (prazer, vantagem, bem). E, nesses conflitos, revela-se a *ordo amoris* que queremos dar à vida. As três motivações nem sempre precisam ser contraditórias (comer não é apenas um prazer: é também um bem e até mesmo um dever), mas, quando se contradizem, o valor moral de uma pessoa é posto à prova. O mais nobre a se fazer é colocar o bem acima dos gostos e vantagens, impor o dever moral acima de todas as outras inclinações.

A consciência moral

Chamamos consciência moral ao processo peculiar pelo qual compreendemos o que devemos ou não fazer. Geralmente a representamos de forma simples, como se fosse uma função ou uma voz interior, quando na verdade trata-se de um fenômeno muito complexo e também muito poderoso que, de uma forma ou de outra, influencia e avalia nosso comportamento. Em alguns casos, as circunstâncias externas exigem algo de nós. Em outros, quando pensamos no que queremos fazer, percebemos que algo não é conveniente. Em um terceiro caso, quando já fizemos algo, lamentamos não ter feito a coisa certa. Essas são três inspirações diferentes: o que sentimos como uma obrigação, o que sentimos como uma proibição e o que sentimos como uma reprovação.

A "consciência moral" é uma curiosa mistura daquelas melhores inclinações do coração, as quais nos direcionam para o bem e nos fazem sentir repulsa pelo mal. Trata-se dessa luz da inteligência que observa e avalia o que acontece. Não é algo que decidimos, mas algo que descobrimos, que se torna evidente para o nosso intelecto: percebemos que as circunstâncias exigem algo de nós, vemos que o que vamos fazer é errado ou nos arrependemos do que fizemos.

Estão misturados os sentimentos humanitários e os sentimentos de solidariedade e justiça, que nos tornam sensíveis às necessidades dos outros. Assim também com os sentimentos sobre o que é digno ou indigno de um homem, que desenvolvemos por meio da educação e da identificação de modelos de conduta, e com a instrução moral que recebemos, a qual nos faz ter como princípios morais e conhecimentos que um tipo de conduta é bom e outro é mau, e que também move afetos de apreço e repulsa.

A retidão

Chamamos de retidão a inclinação para ser guiado pela consciência. Trata-se do amor pela verdade conhecida, protegida pela vergonha de agir mal. A força de vontade às vezes é usada para definir a perfeição humana, mas isso não é totalmente correto. Ela se refere à capacidade de decidir e lidar com as coisas. Mas essa capacidade também pode ser motivada pela ambição pessoal. O motivo real e mais elevado deve ser o amor pela verdade que a consciência descobre. Isso é retidão.

Em todas as culturas expressa-se o ideal básico do sentido de justiça: "Não faça aos outros o que não quer que façam a você". Esse sentido de equidade, de igualdade, de perceber o que se espera de alguém e ter entusiasmo e vontade de responder bem, é um belo desafio, um jogo cujo fim é realizar algo grande.

Ele precisa vir acompanhado de uma disposição ao sacrifício, porque muitas vezes envolve risco ou perda pessoal. "É melhor sofrer uma injustiça do que causá-la", diz Sócrates.

Honesto é o que é bom, o que é conveniente, o que a própria consciência reconhece como verdade, o que pode ser aceito e elogiado por todos (mesmo que esse elogio não seja buscado nem desejado). Trata-se do exemplar que, no fundo, é o justo, mas feito com generosidade, com amor, sem cálculo; do honrado que merece honra.

4. O bom coração

A estrutura do coração

De acordo com o que dissemos, uma boa pessoa é, no fim das contas, um bom coração. Não refiro-me apenas a bons sentimentos, mas a um coração que aprendeu a amar, um coração no qual foram impressos os grandes amores e onde o egoísmo básico foi corrigido. Quando se entende isso, vê-se que a perfeição humana não é apenas uma questão de convicções.

A estrutura dos afetos de uma pessoa faz parte de sua fisionomia espiritual — tanto quanto suas convicções, quiçá mais: refere-se às coisas que ama e à ordem em que as ama. Cada pessoa é definida por sua *ordo amoris*, pela força e ordem de seus amores, como Max Scheler gostava de pensar, citando Santo Agostinho. Um bom coração — uma boa vontade — se alcança pelo desenvolvimento dos impulsos mais nobres e autênticos e pela superação de divisões e mesquinharias.

A tradição cultural ocidental está sobrecarregada por um preconceito racionalista, que identifica a excelência — a virtude — com a ordem da razão. Ela tende a acreditar que tudo é uma questão de instrução e conhecimento, de ter uma mente clara e tomar decisões firmes. Há alguma verdade nisso, mas é apenas parte da verdade. Na realidade, a razão, a consciência iluminada pelo conhecimento, desempenha um papel bastante modesto nas decisões concretas e um papel ainda mais modesto no curso real de uma existência. A experiência mostra a todo momento que a razão é fraca se não for acompanhada por uma afetividade poderosa, por um coração com amores fortes e ordenados.

O coração é o fundo afetivo em que as inclinações, que são traços da natureza e da vida, acabam por ficar gravadas na forma de tendências e afetos. Enquanto a inteligência pula de um lado para o outro, o coração tem inclinações profundas, que atuam como tensões permanentes no comportamento e definem a qualidade das pessoas. Se são inclinações sábias, o homem é sábio. Se estão bem orientadas e não se dispersam, proporcionam força moral.

Entusiasmo

Quando um homem ama a música, seu trabalho ou sua esposa, não os ama apenas de forma fria ou racional, mas também com a força de seus sentimentos. Isso dá ao amor humano (e também ao ódio) uma tonalidade peculiar: amamos com nossa alma e com nosso corpo; com afeição pelas coisas, com afeição pelas pessoas. Todo o nosso ser, então, participa do amor. Assim é disposta a harmonia interior do homem: quando o intelecto alcança a verdade moral e aponta claramente para o bem e quando a vontade se move apaixonadamente em direção ao bem.

Quando a vontade humana se apaixona por grandes bens e consegue domar os instintos e educar os sentimentos, adquire uma força extraordinária. É então que se produz a coerência humana e a harmonia de todas as faculdades. Um tal estado de forte paixão pelos grandes bens é chamado de entusiasmo; em sua etimologia, essa palavra significa algo como um arrebatamento divino ou uma embriaguez; e, de fato, há algo de sublime no homem que é apaixonado pelo grande bem. A paixão ordenada e educada é um bem humano extraordinário.

Um coração desordenado anula o espírito, mas, quando o espírito domina o coração e consegue movê-lo na mesma direção, dá a ele um vigor extraordinário, o "entusiasmo", que é o pressuposto necessário do heroísmo. Todo amor verdadeiro treina a doação de si mesmo: eleva e traz à tona o que há de melhor nas pessoas.

Os grandes amores

Conhecemos a força que os amores familiares têm para trazer à tona o que há de melhor nas pessoas. Muitas personalidades foram forjadas de forma bastante natural apenas pelo esforço que fizeram para criar seus filhos. Os pais normais se sacrificam com muita naturalidade, sem pensar que estão fazendo algo extraordinário. E isso geralmente exige heroísmo. Muitos jovens que talvez não tenham tido altos padrões morais, quando se casam e têm filhos, se reagirem com nobreza, desenvolvem uma grande capacidade de doação. Assim, com as responsabilidades da família e do trabalho, são forjadas personalidades de grande nobreza. E isso é relativamente normal. Tão normal que, às vezes, sua qualidade não é apreciada ou suficientemente protegida.

O amor que chega ao sacrifício tem sempre este efeito purificador e enobrecedor. À primeira vista, isso pode parecer uma forma de egoísmo. E em alguns casos pode ser assim mesmo, quando se trata de amores egoístas ou possessivos. Mas o amor autêntico pelos filhos ou pelo cônjuge torna as pessoas generosas, ajuda-as a superar seu egoísmo inato e torna-as mais capazes de pensar nos outros. Em última análise, torna-as mais honestas, mais capazes de responder ao que a vida lhes pede. Com a força do amor, se acostumam a colocar o que devem acima do que desejam ou do que lhes convém pessoalmente. E este exercício se aplica a tudo.

Por alguma razão, o amor pelo trabalho, junto ao amor pela família e pelos deveres cívicos, têm uma capacidade especial de forjar personalidades honestas. A pessoa que ama sua tarefa e seu dever encontra nisso uma força especial para gastar sua vida e doá-la pela construção de algo.

Todos os bons amores — por Deus, pela verdade, pela beleza, pelo conhecimento, pela ciência, pela pátria, por uma cidade, por uma arte, por um ofício —, na medida em que exigem algo do ser humano, o aprimoram. Obrigam-no a ir além de si mesmo e o colocam em um plano moral, aquele plano onde o que deve ser feito está acima do próprio gosto ou do interesse egoísta.

50 livros sábios

Introdução

Por uma questão de simplicidade, decidi escolher apenas cinquenta livros nesta parte. Em um assunto tão amplo, não é possível fazer justiça a tudo o que existe. Não li todos os bons livros sobre cada assunto, nem achei bons todos os livros que li. Aqueles de que não gostei, não recomendo. Outros de que gostei têm pouca circulação ou são difíceis de encontrar. Consequentemente, não se seguem todos os que são, mas são todos os que estão.

1. Geral (11)

Aristóteles, *Ética a Nicômaco*
Epiteto, *Manual*
Sêneca, *Cartas a Lucílio*
São Tomás de Aquino, *Suma teológica,* I-II e II-II
Juan Luis Vives, *Introdução à sabedoria*
Baltasar Gracián, *Oráculo manual e arte da prudência*
E. F. Schumacher, *Um guia para os perplexos*
V. Frankl, *Em busca de sentido*
A. Maurois, *Uma arte de viver*

M. Adler, *As grandes ideias*
A. de Saint Exupery, *O pequeno príncipe*

2. O cultivo da inteligência (11)

Aristóteles, *Poética*
Gracián, *Agudeza y arte de ingenio*
J. Guitton, *O trabalho intelectual*
A. D. Sertillanges, *A vida intelectual*
C. S. Lewis, *Um experimento em crítica literária*
M. Adler, *Como ler livros*
J. Nubiola, *El taller de la filosofía*
J. H. Newman, *A ideia de uma universidade*
J. Ortega y Gasset, *El libro de las misiones*
J. Marías, *Razón de la filosofía*
J. A. Marina, *Elogio y refutación del ingenio*

3. A opção pela beleza (7)

F. Delclaux, *El silencio creador*
R. M. Rilke, *Cartas a um jovem poeta*
E. Gombrich, *História da arte*
J. Lorda, *Gombrich: una teoría del arte*
J. Plazaola, *Introducción a la estética. Historia, teoría, textos*
W. Tatarkievicz, *Historia de la estética*
P. Evdokimov, *El arte del icono. Teología da belleza*

4. Elegância (2)

Lord Avebury, *The Use of Life*
J. A. Íñiguez, *Verdad y belleza*

5. O amor pela palavra (3)

P. Salinas, *El defensor*
L. Alonso Schökel, *El estilo literario. Arte y artesanía*
D. Carnegie, *Como falar em público e encantar as pessoas*

6. Senso de humor (4)

H. Bergson, *O riso: ensaio sobre o significado do cômico*
G. K. Chesterton, *Autobiografia*
J. Pieper, *Festa*
P. Berger, *Risa redentora*

7. O dom da amizade (6)

Cícero, *De amicitia*
C. S. Lewis, *Os quatro amores*
J. Ortega, *Estudios sobre el amor*
P. Laín Entralgo, *Sobre la amistad*
L. Pizzolato, *Sobre la amistad*
F. Uhlman, *Reencuentro*

8. Honestidade (6)

Platão, *Apologia de Sócrates*
Cícero, *De officiis*
C. S. Lewis, *A abolição do homem*
J. L. Lorda, *Moral: a arte de viver*
A. Vázquez de Prada, *Thomas More*
Karl May, *Winnetou*

“Preparai o caminho do Senhor”
(Mt 3, 3; cf. Is 40, 3)

Este livro acabou de se imprimir a 30 de outubro de 2025, em papel Ivory Slim 65g/m² .

OMNIA IN BONUM

598